AF589728

ESSAI

SUR LA

POLITIQUE INDUSTRIELLE

ET

COMMERCIALE,

PAR ÉMILE DE BROUWER.

DEUXIÈME PARTIE.

De l'échange et de la politique extérieure.

BRUGES,
IMPRIMERIE D'ALPHONSE BOGAERT, RUE PHILIPSTOCK.

1851.

PRÉFACE.

De toutes les questions agitées, tant par les hommes d'Etat que par les industriels, il n'en est point qui soient plus controversées que celles qui se rattachent à l'échange, quoique généralement, elles n'aient pas été assez étudiées.

L'homme s'arrête avec complaisance devant tout ce qui le flatte, mais il n'aime pas à rencontrer ce qui peut le contrarier. Il est de l'essence de notre espèce de vouloir résoudre les questions dans le sens de l'intérêt propre : on fait valoir avec plaisir tout ce qui semble en accord avec l'intérêt particulier, et, souvent, on redoute de fouiller trop avant dans les questions, de peur de découvrir quelque vérité qui détruirait tous les arguments favorables à la thèse que l'on soutient si chaleureusement. Il en résulte que, presque toujours, on se contente de constater le *pour* et qu'on évite de découvrir le *contre*, de manière que la plupart des questions, et notamment celles qui concernent l'échange, ne sont pas approfondies comme elles devraient l'être.

En entreprenant de traiter la question de l'échange, j'ai cherché à écarter toute espèce de préoccupation d'intérêt personnel, j'ai voulu que la vérité seule conduisît ma plume; et, dussé-je indisposer bien des personnes, je dis les choses telles que je les ressens, telles que je les ai observées ; c'est confesser que je n'ai point écrit dans le sens d'un intérêt particulier, mais dans celui de l'intérêt général.

Je déplairai, j'en ai la conviction, à bien des gens : beaucoup seront tentés de jeter mon livre à la première phrase qui ne sera pas en accord parfait avec leur opinion. Je les engage à suspendre leur jugement, à continuer leur lecture, afin de ne se prononcer sur mes principes, qu'après qu'elles auront tout lu et tout pesé.

De deux choses l'une : ou les idées que je défends sont fondées, ou elles ne le sont pas. Ceux qui, après les avoir sérieusement examinées, seront de mon avis, voudront bien m'aider à les propager. Au contraire, ceux qui les trouveront erronées, voudront bien les combattre publiquement, ils me rendront service en me tirant de l'erreur. Ils ne parleront pas en vain :

J'ai l'habitude de m'incliner devant la vérité quand elle m'est clairement démontrée, bien qu'il me soit impossible d'être complaisant en pareille matière et de dire : *oui*, quand la conscience me commande de dire : *non*.

OSTENDE, JUIN 1851.

CHAPITRE XIII.

Des richesses du monde et de la nécessité de l'échange.

L'homme trouve dans la nature, l'ensemble des matières propres à la création de cette foule de choses destinées à subvenir aux besoins et aux agréments de la vie.

Mais ces matières ne sont réellement utiles, qu'autant que l'industrie les ait recueillies et les ait transformées en produits.

Tout produit n'est donc que la matière recueillie et appropriée, par le travail, à la satisfaction d'un besoin ou d'un plaisir, et la richesse globale dn monde est en raison du chiffre de tout le travail accompli.

Il résulte de ceci, que le travail enrichit le monde. Au contraire, la consommation l'appauvrit. Or, pour que le monde soit en voie de prospérité, il faut que l'évaluation du travail qui s'y fait, soit supérieure à celle du travail qui s'y consomme.

Mais le travail, tel que nous le considérons dans ce moment, est l'action confondue et simultanée du capital qui s'use et se détruit, et de la nature toujours neuve, dont la coopération est gratuite, et dont les agents sont infatigables. Or, le travail sera d'autant plus profitable, que l'action coopérative de la nature sera grande et que celle du capital sera petite.

Il découle delà, que partout, il y a un choix à faire quant au genre de travail, choix qui varie selon les pouvoirs plus spéciaux des hommes et des lieux.

Que le monde entier travaille! Telle est la volonté du créateur. A cette fin, il a distribué les aptitudes diverses dans l'espèce humaine, il a fait, entre les matières, le partage des propriétés inhérentes; il a éparpillé les pouvoirs si variés de la nature sur tous les points du globe; il a assigné, pour ainsi dire, aux hommes, aux nations, aux contrées leurs rôles respectifs dans la création universelle.

Ici sous un sol ferrugineux gisent des couches de minerai. Là des rochers de marbre sortent de terre et tiennent majestueusement la tête élevée vers les cieux. Plus loin, de nombreux troupeaux trouvent une nourriture abondante au milieu de prés fertiles; le froment et l'orge ombragent de leurs épis un sol généreux, tandis que là bas, une terre moins forte porte de préférence le seigle et le sarrasin.

A la faveur d'un climat chaud, le cafier fleurit ici à côté de la canne à sucre. Ailleurs la myrrhe croît près de l'aloës; le bananier étale ses larges feuilles au milieu d'un champ de maïs.

Les richesses du monde seront donc aussi immenses que variées, lorsque nos lois et nos réglements cesseront de porter le trouble dans cette organisation naturelle; lorsque les hommes, comprenant la tâche qui leur est respectivement échue, auront pu, librement, se faire un choix d'occupations, et se seront appliqués aux travaux pour lesquels ils se sentent le plus d'aptitude, le plus de goût; lorsque les nations, se soumettant enfin à la nécessité de la division des occupations, auront abandonné cette manie de vouloir tout faire par la création directe, et qu'ils laisseront à la nature la plus large part dans l'accomplissement de tous les travaux.

Cependant, la création d'une foule d'objets similaires ne suffit point; l'homme a besoin d'une certaine variété de produits. Dès lors, il faut que les hommes et les nations puissent se transmettre réciproquement leurs superflus, échanger entre eux ce qu'ils ont de trop contre ce dont ils manquent.

L'échange est donc aussi indispensable que la production elle-même, et en poursuivant avec attention les phases du bonheur matériel de l'espèce humaine, nous remarquons que le bien-être de l'homme s'est développé en raison de la multiplicatiou de ses moyens d'échange.

En ouvrant le chemin des Indes par le Cap de Bonne-Espérance, Vasco-de-Gamma a fourni aux parties septentrionales ainsi qu'aux parties méridionales de notre hémisphère, des moyens, non-seulement d'échanger leurs travaux, mais encore de multiplier leurs productions.

La découverte de l'Amérique imprima un élan considérable à l'industrie, tant de l'ancien que du nouveau monde, et bien que dans notre siècle, tout ne soit pas au mieux, qui soutiendrait que la vie actuelle n'est pas moins dure que celle que l'on menait lors des temps agrestes de la société; lorsque, vivant en groupes épars, les nations végétaient dans l'isolement.

En étendant le cercle des relations, les découvertes dont nous venons de parler, ont eu des conséquences indéfinissables en faveur de l'humanité. En effet, quels immenses services ne retirons-nous pas du coton ? Ce produit agricole des Indes et du Nouveau-Monde, autrefois à peu près inconnu en Europe, est aujourd'hui l'élément principal de la toilette de nos populations. La pomme de terre est venue d'Amérique. Le café, le riz, le sucre, le cacao, et cette foule d'aromates autrefois si rares, ou même inconnus, sont autant d'objets dont la consommation est journalière dans nos ménages les plus bourgeois,

Mais, si la découverte d'un autre hémisphère et l'ouverture des voies navigables entre les extrémités de l'ancien monde ont décuplé, à notre point de vue, les jouissances de la vie, quelles n'en ont pas été les conséquences pour les habitants de ces contrées lointaines ? Les écrivains qui nous ont transmis l'histoire des explorations et des découvertes de Christoph Colomb, rapportent que, lors de son débarquement à St-Domingue, il y trouva un peuple de sauvages, dénué des choses les plus indispensables. Le cori, animal entre le rat et le lapin était le plus gros quadrupède vivipare de l'île, il formait avec une espèce de gros lézard, la principale nourriture prise dans le règne des substances animales. La condition de l'homme n'y était guère meilleure ni plus attrayante que celle des singes.

Avant la descente des Espagnols sur les rives du Pérou et du Mexique, le lama était l'unique bête de somme du pays. Les Péruviens et les Mexicains ignoraient l'usage du fer; leurs instruments aratoires étaient de bois. Ils se servaient de cailloux tranchants, en guise de couteaux et de haches. Certaines arêtes de poisson leur servaient d'aiguilles, et les boyaux, de fil à coudre.

Abstraction faite des massacres qui ont porté la désolation dans les pays découverts, il est incontestable que la communication entre les deux hémisphères a été avantageuse, tant au nouveau monde qu'à l'ancien. Seulement, les avantages qui en sont résultés auraient été incomparablement plus grands et plus immédiats, si un tout autre esprit, que celui de flibustier, n'avait pas inspiré ces entreprises téméraires; si les conquérants, mieux renseignés sur les véritables causes de la prospérité, avaient étendu insensiblement aux colonies les droits et les protections de la mère-patrie; s'ils avaient émancipé petit à petit les peuples découverts, au lieu de les enchaîner et de les exploiter comme les Spartiates enchaînaient et exploitaient leurs ilotes.

Un tout autre esprit a malheureusement prévalu : au lieu de captiver l'attachement des indigènes par les bienfaits de l'échange, au lieu d'unir étroitement les conquérants et les peuples conquis, par les liens indissolubles de l'intérêt commun, les nations victorieuses de l'Europe ont considéré leurs découvertes comme autant de contrées à piller ; elles ont tué la poule aux œufs d'or. Au lieu de se créer des peuples d'amis, elles se sont fait partout, des ennemis formidables que le seul éloignement de la mère-patrie rendait puissants et qui, tôt ou tard, devaient briser leurs chaînes.

Les avantages de la production naturelle et la nécessité de l'échange entre les peuples, nous sont, en quelque sorte, révélés par les phénomènes du monde, et ces phénomènes ne sont-ils pas la manifestation de la présence, de la sollicitude et de la volonté divine ?

Au milieu de la plaine, nous voyons surgir une végétation qui change à l'infini d'un lieu à un autre. En variant les pouvoirs de la nature selon les climats et les lieux, en assignant à chaque point du globe quelque faculté plus spéciale, en variant les capacités et les instincts parmi les hommes, le créateur nous a évidemment révélé la nécessité de la division des occupations ; il a voulu nous rendre le travail aisé, la production facile, abondante et variée.

Au bord de l'Océan, nos yeux se promènent avec admiration sur cette immense plaine liquide, tantôt calme et unie, quelquefois furieuse, terrible, roulant ses vagues écumantes au gré de l'aquilon.

Ces gigantesques créations qui lient entre eux les continents, ne nous parlent-elles pas ? Ces mers et ces lacs, ces golfes et ces baies, ces fleuves et ces rivières; puis ces corps célestes qui s'agitent dans l'espace, sans la moindre confusion, qui, à la fois, nous transmettent la lumière et servent de jalons aux navigateurs, tout cela ne veut-il pas dire : passez-vous vos produits; échangez, c'est le moyen de satisfaire à tous vos besoins, de varier vos jouissances, de vous rendre mutuellement la vie agréable.

Cependant l'espèce humaine méconnaît bien souvent ces révélations divines. Il est encore des hommes qui, sourds à la voix du créateur, voudraient vivre dans l'isolement, et qui, s'ils en avaient le pouvoir, réduiraient le monde aux dimensions d'un village. Dominés par le désir de posséder de l'argent de préférence à toute autre valeur, ils repoussent avec entêtement les produits de l'industrie étrangère et voudraient ne recevoir que des métaux monnayés en échange de leurs propres travaux. Comme si la chose était possible, comme si, dans l'espèce, il y avait identité complète entre ce que peuvent désirer des individus, et ce doit désirer une nation (*).

Ces errements, si préjudiciables aux intérêts généraux, sont dus à l'idée absurde qu'on se fait de l'échange. Bien des gens s'imaginent que l'acheteur salarie le vendeur, ils perdent de vue que l'échange de nation à nation, comme d'individu à individu constitue simplement la cession d'une accumulation de travail contre une autre accumulation, transaction qui a lieu d'une manière libre, et à l'avantage mutuel des parties; car, celui qui achète préfère incontestablement la denrée qu'il acquiert aux valeurs dont il se déssaisit,

(*) Première partie, Chap. XI.

tout comme le vendeur préfère la possession des valeurs qu'il reçoit en retour de la cession qu'il fait.

Nous définirons l'échange d'une manière plus précise dans le chapitre suivant. Puis, nous passerons successivement en revue les avantages qui en naissent, tout en signalant, à mesure que nous avancerons, les principales causes qui ont amené la misère, et qui la maintiendront, tant que la vérité ne sera pas comprise, tant que durera le règne du préjugé, tant que l'opinion publique, si souvent mal inspirée, contrariera la marche des gouvernements même les plus sages; qu'elle les obligera à se courber en quelque sorte sous le poids de l'erreur, et les forcera à maintenir l'administration du monde dans les voies pernicieuses des systèmes erronés.

CHAPITRE XIV.

Définition de l'échange. — Valeur en échange et valeur en usage. — Des monnaies en général. — Les peuples civilisés ont été naturellement conduits à se servir de monnaies d'or et d'argent.

Les produits, quels qu'ils soient, représentent une accumulation de travaux plus ou moins importants. La quantité de temps et de peine que le pêcheur est obligé de sacrifier avant de parvenir à retirer un poisson du fond de l'eau, constitue évidemment le prix que lui coûte sa capture.

Le travail est ainsi la monnaie originaire au moyen de laquelle on se procure toute chose (*), et celui qui désire posséder légalement un produit en vente, est obligé de céder en échange, une quantité de travail jugée équivalente à celle dont il recherche la possession.

S'il était convenu entre deux cultivateurs, que l'un dût remettre à l'autre un hectolitre de froment en retour de deux hectolitres d'avoine, il faudrait en conjecturer que le travail des éléments de production

(*) Première partie, chapitre II.

qui ont concouru à la création d'un hectolitre de froment, est évalué à la même valeur que le travail général de ceux qui ont produit les deux hectolitres d'avoine, ou bien, que les travaux des agents producteurs de l'hectolitre de blé, sont considérés dans ce moment même, comme ayant deux fois la valeur de ceux d'un hectolitre d'avoine.

On se rappelle du reste, que les valeurs sont fixées par l'évaluation contradictoire et que, dans la discussion qui précède l'opération estimative, les parties agissent sous l'influence des lois de la concurrence (*).

L'échange n'est donc autre chose que la cession d'un produit en retour d'un autre produit, existant tous deux, en vertu de travaux jugés équivalents. Ou, en d'autres mots : l'échange est la cession d'une certaine quantité de travaux contre une autre quantité, celle-ci jugée valoir celle-là. Ainsi, pour qu'il y ait possibilité d'acquérir le travail d'autrui, il faut pouvoir céder en échange une certaine quantité équivalente de travail fait ou à faire.

Il résulte de ceci, que les choses n'ont de *valeur en échange*, qu'autant qu'elles soient transmissibles, et que la création ait coûté quelques travaux humains. Or, l'air atmosphérique qui occupe l'espace et que nous consommons par l'aspiration sans aucune dépense de peines, la lumière des astres qui nous est gratuitement transmise, l'eau qui tombe du ciel sans le moindre effort de notre part, n'ont aucune *valeur en*

(*) Première partie, chapitre V.

échange, puisque la possession n'en coûte rien à personne. Toutefois ces éléments ont une grande *valeur en usage*. Cependant l'eau, qui n'a aucune valeur échangeable, au moment où elle tombe sur la terre, est susceptible d'en acquérir une, parce qu'avant qu'il soit possible de la consommer, quelqu'un doit s'être donné la peine de la recueillir; aussi voyons-nous, souvent, l'eau acquérir une valeur en échange; dans quelques localités même, elle fait l'objet d'un commerce spécial, et, dans ce cas, elle a une valeur en échange pour ceux qui la recueillent et la distribuent, et une valeur en utilité pour ceux qui l'achètent et la consomment.

Les facultés physiques et intellectuelles de l'homme n'ont encore d'autre valeur que celle en usage; car, bien que le travail soit la cause du développement de l'intelligence et de la force, ces facultés n'ont aucune valeur échangeable parce qu'elles ne sont point transmissibles. L'ouvrier loue sa force et son adresse, il ne saurait les vendre. Le professeur ne fait que communiquer sa science, et quoiqu'il reçoive une rémunération en retour de ses peines, il ne saurait céder son savoir qui n'a qu'une valeur en usage. En donnant son cours, il ne vend que le fruit de ses connaissances, le fonds lui reste, celui-ci est invendable, et en infusant sa science à d'autres, s'il est permis de s'exprimer ainsi, il ne la perd pas, il n'en devient lui-même, que plus savant.

Si nous en exceptons l'air et la lumière des astres, les puissances et les connaissances humaines qui sont propres aux individus, et qui n'ont d'autre valeur que celle en usage, les choses en général ont une valeur en usage et une valeur en échange, et elles n'auraient pas la dernière, si la première leur manquait ; car personne ne serait disposé à céder un travail qui a de l'utilité, pour en acquérir un autre qui n'en aurait aucune.

Les matières ouvrables que nous trouvons dans la nature passent successivement par plusieurs phases, avant d'arriver à l'état de produits complets capables de satisfaire les besoins de l'homme. Dès qu'elles ont subi quelques travaux, toutes ont une valeur en utilité et une valeur en échange. Cependant ces valeurs peuvent se modifier à mesure que les matières se rapprochent de l'état de produits complets. Les premiers travaux appliqués aux matières en augmentent généralement les deux espèces de valeurs. Les derniers travaux augmentent seulement la valeur en usage.

Au moment où on coupe la laine, elle a une valeur en utilité et une valeur en échange. Mais elle aura plus de valeur en utilité et en échange après qu'elle sera filée. Elle en aura plus en usage, il est possible qu'elle en ait aussi plus en échange, lorsqu'elle sera tissée. Elle en aura davantage encore en utilité, quand elle sera convertie en vêtements, mais elle en aura positivement moins en échange. En effet, on achète un habit pour le porter et nullement pour le vendre, et on trouverait plus de personnes disposées à choisir en échange de leurs travaux, de préférence à un vêtement, un coupon d'étoffe propre à faire un habit, plus la valeur de la façon, bien qu'il pourrait se faire qu'il y eut plus d'amateurs pour la laine transformée en vêtements que pour la laine simplement filée.

Chaque matière arrive ainsi à une phase dans laquelle elle atteint une valeur échangeable qui, à son point de vue, est la plus avantageuse, parce que sous cette forme particulière, elle est recherchée par plus de personnes.

Ces réflexions nous seront utiles lorsque nous ferons valoir les motifs qui ont naturellement porté les hommes à choisir les monnaies d'or et d'argent pour leur servir d'agent commercial.

Le plus incrédule des mortels, pourvu qu'il ait le sens commun, admettra que notre globe et tous ceux qui roulent dans l'espace, sont le résultat d'une création, et qu'ils ont eu un commencement d'existence. Il est probable que, lors des premiers jours du monde, les hommes se soient appliqués, avant tout, à se procurer de la nourriture et des vêtements. Ces objets d'alimentation intérieure et extérieure auront offert peu de variation. Dans ces temps-là, il était possible aux hommes d'évaluer, en les comparant entre eux, les travaux qu'exigeait la production de chaque produit. On savait par l'expérience qu'il fallait un jour de travail, par exemple, pour confectionner un vêtement, et et que, pendant le même temps, on pouvait se procurer cent poissons. Il est évident, qu'alors, l'évaluation du vêtement par rapport aux poissons, et celle des poissons par rapport au vêtement, n'offraient aucune difficulté : celui qui avait un vêtement disponible mais qui manquait de poissons, pouvait s'arranger avec celui qui avait trop de poissons, mais qui manquait de vêtement.

Il est facile de comparer entre elles deux lignes, cependant il faudrait nécessairement que l'on fit choix d'une mesure commune, s'il s'agissait de comparer entre elles une infinité de longueurs. De même, on conçoit, qu'en présence de peu de produits, l'échange des travaux humains ait pu s'accomplir d'une manière assez régulière et sans trop d'inconvenients, lors des premiers jours de la société; mais au fur et à mesure de la multiplication de l'espèce humaine, les produits devenant plus nombreux, il semble que les échanges n'aient pu se faire sans le secours d'une espèce de mesure commune de valeur, à laquelle on rapportât toutes les choses.

Il est donc incontestable que, dès le premier âge du monde, il y ait eu parmi les divers groupes d'hommes, une denrée quelconque, fonctionnant comme mesure commune, à laquelle on ait comparé toutes les autres créations, dans le but de pouvoir fixer la valeur relative de chacune d'elles.

Les premiers hommes étaient presque tous pâtres, il est naturel de croire, qu'ils aient comparé la valeur des choses à celle des unités de leurs troupeaux. Dans ces temps-là, un objet valait tant de chèvres, tant de moutons,tant de bœufs. Le petit bétail ou celui qui était le plus commun, formait probablement la monnaie de la grosse pièce, tout comme aujourd'hui, nos centimes et nos gros sous forment la monnaie de nos écus d'argent, bien que la valeur effective ne soit pas précisement la même, et que dix décimes de cuivre ne valent pas un franc.

De nos jours, pour désigner une homme riche, nous disons, quoique très-improprement, qu'il a beaucoup d'écus. Lors des temps agrestes de la société, on attachait un grand prix à la possession des bœufs et des brebis. En allant chercher une femme pour le fils de son maitre, Eliéser ne manqua pas de rendre compte à Rebecca des nombreux et beaux troupeaux d'Abraham. Autre temps, autres usages : On n'en est pas moins matériel aujourd'hui, seulement les fiancés modernes s'inquiètent moins des bœufs que de l'argent de leurs beaux-pères.

D'après Smith, le sel paraît avoir été longtemps la marchandise comparative et circulante parmi les Abyssens; on se payait autrefois en morue salée à Terre-Neuve, et en sucre aux Colonies, et Say dit, d'après l'histoire philosophique et politique de Raynal, qu'à l'époque des premières expéditions des Espagnols, les Mexicains employaient dans les réglements de leurs comptes, les fèves de cacao, en guise de monnaie.

Il semble que toutes les contrées aient choisi, pour leur servir respectivement d'agent commercial, le produit le plus commodément divisible en parties égales, le plus recherché, le moins hétérogène, le plus inaltérable, et le moins difficile à déplacer.

Mais le bétail, le sel, le sucre, la morue, le cacao

et la plupart des matières dont on a pu se servir, étaient d'un transport trop difficile. Sujettes à une prompte altération, elles exigeaient des soins continuels et devaient nécessairement être consommées dans un temps donné. Elles ont pu, quoique très-imparfaitement, remplir le but, tant que l'industrie était pour ainsi dire à l'état de germe, mais on en a senti toute l'insuffisance à mesure de la multiplication et de la diversité des produits. Aussi, afin d'éviter des déplacements continuels et onéreux, il paraît que les nations les plus avancées parmi les anciens peuples, se sont servies de morceaux de bois et de cuir qui portaient l'image d'un bœuf ou d'une brebis, et, très-probablement, une marque distinctive à laquelle on pût connaître l'origine des pièces.

L'histoire dit, que sous le règne de Numa-Pompilius il circulait déjà à Rome des pièces de cuir et de bois à l'image d'un bœuf ou d'une brebis, et plusieurs auteurs prétendent que c'est du nom de ce roi, que dérive le mot latin *numus*, en français, *numéraire.*

Le baron de Bielfeld, en parlant, dans son érudition complète, du numéraire en cuir et en bois, autrefois en usage à Rome, dit :

« Ce fut la première monnaie et l'origine des prix. L'histoire dit positivement que Numa-Pompilius fit battre de la monnaie de bois et de cuir. »

Il semble que l'on ait étendu à la monnaie la signification du mot *pecunia*, par suite de l'emploi usité à certaines époques d'un agent commercial, à la figure d'un animal laineux dont la toison constituait alors la principale valeur.

Cependant la monnaie de cuir et de bois, telle que nous venons de la décrire, ne pouvait être que la simple marque figurative d'une valeur à livrer. Ne portant avec elle aucune hypothèque, et n'ayant aucune autre garantie que la bonne foi humaine, elle ne pouvait jouir de plus de confiance que celle dont jouiraient de nos jours, les billets de banque qui ne seraient point garantis par des valeurs réelles. On est donc tenté de croire que l'usage de ces monnaies n'a pu être de longue durée.

En effet, à ce numéraire sans valeur intrinsèque, succédèrent bientôt des monnaies de cuivre à l'image d'un animal ; principalement d'un bœuf, d'un porc ou d'une brebis, et dont les valeurs étaient, selon toute apparence, équivalentes à celles de ces divers animaux.

Cette conjecture n'a rien d'invraisemblable en présence de la grande valeur des métaux, à des époques bien plus rapprochées encore : d'après une tradition très-répandue, le salaire des ouvriers, lors de la construction du beffroi de Gand, s'élevait à peine à deux deniers par jour, et l'on assure qu'il est prouvé par document authentique, que l'édifice en question a coûté moins d'argent que n'en absorberait aujourd'hui la construction de la plus insignifiante chaumière.

M. A. Blanqui cite un fait analogue dans son histoire de l'Économie Politique. Il dit, « que les comptes conservés dans la cathédrale de Strasbourg, constatent que les salaires des maçons employés à la construction de ce monument, étaient de 3 à 4 centimes de notre monnaie par jour. »

D'après Pline, ce fut Servius-Tullius qui, le premier, fit battre à Rome, de la monnaie de cuivre. Le même auteur rapporte que les Romains n'eurent pendant longtemps d'autre monnaie que celle-là, et que le premier numéraire en argent parut cinq ans avant la première guerre punique. D'autres auteurs font remonter la monnaie en cuivre à une date antérieure, et disent qu'il en fut battu du règne même de Numa-Pompilius.

Ainsi que nous l'avons fait remarquer, une foule de produits ont pu servir d'agent commercial. Cependant nous allons voir, en passant par une filière de raisonnements très-simples, que les peuples civilisés ont été naturellement conduits à choisir l'or et l'argent, de préférence à toute autre matière, pour leur servir d'agent commercial.

Cet agent, tel que nous le comprenons, a un double usage. Il sert en premier lieu, à déterminer la valeur relative des produits. C'est à ce titre que nous le désignons, quelle qu'en soit la nature, sous la dénomination de *Mesure des valeurs*. Cette définition est tout à fait rationnelle. En effet, lorsque, dans un prix-courant, nous trouvons le kilogramme de thé, coté à dix unités de monnaie, et le kilogramme de café, à une même unité, notre esprit est fixé quant à la valeur relative de ces deux produits, et, dans ce cas, nous disons que la valeur globale des travaux qui ont concouru, tant à la création du thé, qu'au transport sur les lieux de cette feuille aromatique, sont à la valeur de ceux du café, comme dix sont à un.

Cependant nos idées ne seront fixées d'une manière convenable, qu'autant que toutes les unités numériques soient toujours parfaitement égales entre elles. Les matières dont elles sont composées doivent donc être d'une homogénéité complète.

Or, comme mesure des valeurs, aucun produit n'est plus convenable que les métaux simples. A l'état pur, ils sont parfaitement homogènes, ils n'ont point plusieurs qualités; de plus, ils sont divisibles, et, jusqu'à un certain point, subdivisibles en parties mathématiquement égales.

Ces propriétés manquent à la plupart des autres marchandises : deux kilogrammes de cacao, par exemple, peuvent ne pas valoir un kilogramme de la même fève mais de qualité supérieure. Il serait encore bien extraordinaire que dix grains de cacao, pris au hasard, fussent égaux, en qualité et en poids, à dix autres grains puisés dans un autre sac.

Ensuite, l'agent commercial a une autre utilité : il intervient dans les échanges d'une manière directe; il se donne en retour d'un produit ou d'un service quelconque, et celui qui le reçoit, ne le reçoit pas pour le conserver, il n'en est que le possesseur momentané. C'est à ce titre qu'on désigne l'agent commercial sous le nom de *marchandise de circulation*. Il est très-douteux qu'un détenteur de thé, qui aurait le désir d'en échanger un kilogramme contre dix kilogrammes de café, pût trouver sur toute la place de Londres même, un détenteur de café, disposé à faire ce troc, lors même que les deux valeurs seraient jugées égales. Cependant il en trouverait mille pour un, de très-disposés à lui vendre dix kilogrammes de café en échange de monnaie courante.

Chacun cherche ainsi à vendre son propre travail contre de la marchandise de circulation, parce qu'on sait qu'elle convient à tout le monde et qu'on est sûr de pouvoir, à tout moment, se procurer avec cette marchandise courante, n'importe quelle denrée cótée au prix du jour.

On a donc encore raison d'appliquer à l'agent commercial cette deuxième dénomination, puisqu'il circule toujours et qu'on le recherche, non pour le conserver, mais pour le transmettre à d'autres; car tel est l'intérêt de l'homme.

Mais quelles sont les qualités que l'on peut exiger de la marchandise de circulation? — Les mêmes que réclame la bonne mesure des valeurs; les mêmes que nous venons d'énumérer et que nous avons trouvées inhérentes aux métaux simples. De plus, il faut que l'agent commercial, considéré au point de vue de cette dernière fonction spéciale, ait encore d'autres propriétés; car, quoique la marchandise de circulation voyage pour ainsi dire sans cesse, elle ne roule pas d'une manière continue comme la terre tourne autour du soleil; elle fait certaines haltes, et bien que le possesseur ne doive pas la conserver, il ne la jette pas à la tête du premier venu. Elle séjourne donc quelque temps entre ses mains. A ce point de vue, il est indispensable que l'agent commercial ne soit pas sujet à une détérioration prompte, qu'il ne se fonde pas comme la potasse, le sucre ou le sel, par la seule cause du contact de l'air ou par le seul effet d'un temps brumeux; qu'il ne s'échauffe pas comme pourraient le faire les grains et les graines, qu'enfin le possesseur puisse le conserver, sans frais d'entretien, aussi longtemps que bon lui semble, et qu'il soit assuré que, lorsqu'il lui conviendra de s'en défaire, la valeur n'en sera point altérée par des causes physiques. Ici encore aucun produit ne possède, mieux que les métaux simples, les qualités que l'on peut exiger de l'agent commercial considéré comme marchandise de circulation. Concluons en que ces métaux sont les plus propres à remplir le but.

Cependant tous les métaux ne sont pas également convenables, les uns offrent certains avantages qui manquent aux autres; car il importe que la marchandise de circulation soit, non-seulement de matière stable, homogène et divisible en parties égales, mais il est encore urgent qu'elle représente, sous un petit volume, une grande valeur par rapport à la plupart des autres marchandises. Or, les métaux précieux seuls satisfont à toutes ces exigences. En effet, ils sont corps simples, très-malléables et divisibles en parties égales susceptibles d'être réunies de nouveau, sans perte sensible. Mieux que tous les autres métaux ils résistent à l'action de l'air et de l'humidité. Au moyen d'un peu d'alliage, les monnaies qui en sont faites s'usent peu et peuvent circuler pendant un long espace de temps, sans altération notable dans le poids. Mais, leur valeur par rapport aux autres produits, n'est pas assez forte, pour que les subdivisions monétaires d'or et d'argent soient de nature à échapper à la vue et au toucher, et d'un autre côté, ils représentent une valeur assez élevée, pour que les monnaies dont ces métaux sont la base, soient d'un transport commode. En effet la monnaie en or et en argent occupe peu d'espace; le plus petit gousset peut contenir les quantités nécessaires à l'acquisition des choses que réclament nos besoins de plusieurs jours. Les autres métaux plus communs n'ont point ces propriétés.

Il fallait encore que les matières servant de marchandise de circulation fussent, de leur nature, généralement recherchées.

Les métaux précieux ont surtout le pouvoir de tenter les hommes. Il est de notre essence de vouloir posséder ce qui est rare; et souvent les choses les plus utiles ont moins d'attraits pour nous, que certaines futilités qui n'ont d'autre mérite que celui de ne pas être trop communes. De plus, les métaux précieux convertis en monnaies, ont précisément atteint la phase dans laquelle ils ont la plus avantageuse valeur échangeable. En effet, l'or et l'argent en minerai et en poudre trouvent peu d'acheteurs. En lingots, ils en trouvent beaucoup. Convertis en vaisselles ou en objets d'orfèvrerie, ils ont plus de valeur en utilité directe qu'en lingots, mais ils ont une valeur en échange moins avantageuse. Donc, sous aucune forme les métaux précieux ne sont plus échangeables que lorsqu'ils sont convertis en petits lingots que nous appelons monnaies, parce qu'alors ils ne sont autre chose que des matières dont la qualité et la quantité sont garanties; des matières susceptibles de prendre toutes les formes voulues; des matières propres à la fabrication d'une infinité d'objets, tantôt très-utiles, tantôt de pur agrément, capables de satisfaire certains besoins et certains caprices des hommes.

Les métaux précieux réunissent ainsi, non-seulement toutes les qualités que l'on peut exiger d'un agent commercial, mais ils les possèdent à un degré plus convenable que ceux d'entre les produits qui pourraient en avoir quelques-unes. En effet, est-il parmi les solides une matière qui soit à la fois aussi homogène, aussi divisible en parties égales que les métaux purifiés, et dont les parties puissent être réunies de nouveau pour ne faire qu'un seul tout? Il n'en est point. — Quelle est la substance qui a une valeur relative aussi convenable que les métaux précieux? Il n'en existe pas; les unes ont trop peu de valeur, les autres en ont trop. — Y a-t-il des corps qui résistent mieux à l'action du temps et dont la consommation puisse être remise indéfiniment? Il est vrai, cette propriété est plus inhérente encore aux diamants et à quelques pierres précieuses, mais ces corps sont trop rares, ilsne sont pas homogènes, ils se subdivisent difficilement, et, une fois divisés, il est impossible de les reconstituer en un seul et même tout.

Aucune matière ne réunit ainsi, au même degré, les diverses qualités que l'on peut exiger d'un agent commercial. Aucune matière, quelle que soit la phase qu'elle ait atteinte, ne peut avoir une valeur échangeable plus avantageuse que ces monnaies de métaux précieux. Il est donc tout naturel que ces monnaies soient venues remplir les fonctions d'agent commercial parmi les nations les plus commerçantes, et il suffit que celles-ci les aient adoptées comme mesure des valeurs et comme marchandise de circulation, pour que les autres peuples aient dû se conformer insensiblement au même usage.

Si le troc d'objets pour objets pouvaient être praticable dans les premiers temps du monde, s'il est vrai qu'une denrée quelconque ait pu servir d'agent commercial, lorsque l'homme ne pouvait avoir que des goûts simples, lorsque toute sa toilette se bornait à un seul vêtement en peau de chèvre ou d'agneau, tout au plus capable de couvrir cette partie du corps qui naît aux genoux et finit à la ceinture ; lorsque, à l'occasion d'un événement heureux, on se contentait, faute de mieux, de manger le veau le plus gras, on comprend que le troc d'objets pour objets serait impraticable de nos jours. Toute autre monnaie que celle qui est fabriquée avec des métaux précieux, offrirait de graves inconvénients, aujourd'hui que les créations et les besoins se sont multipliés ; aujourd'hui que le veau le plus gras a cédé, dans nos festins, la place à une foule de mets composés de produits de toutes les parties du monde.

Il est évident que sans monnaie convenablement subdivisée, la société actuelle se trouverait, à tout instant, dans le plus pénible embarras; le cultivateur qui n'aurait que du blé à offrir et qui voudrait avoir un vêtement, ne trouverait pas de suite un tailleur qui eût besoin de blé. Il faudrait une coïncidence bien extraordinaire, pour que le bonnetier qui désirerait acheter une livre de café, trouvât précisément un épicier qui eût besoin d'un bonnet de coton. Du reste, comment parviendrait-on à niveler les valeurs? Le bonnet peut valoir plus que la livre de café, et, à coup sûr, une fraction de bonnet ne conviendrait à aucun épicier.

Au point où en est la société, non-seulement la variété des produits est immense, mais la division des occupations n'a pas de bornes. Les nouveaux produits se succèdent, les anciens métiers se subdivisent, les spécialités se dessinent. Chacun se procure par l'échange à peu près la totalité des produits dont il a besoin, chacun consomme une part infiniment petite de son propre travail, et souvent même il n'use rien, en nature, de ses propres créations. Le plus petit manufacturier d'épingles en fabrique 70 par minute, certes, il faudrait qu'il fût bien prodigue pour qu'il en consommât autant en toute une année. Dans cette même fabrication, dix hommes et plus passent leur vie à façonner et à transformer le fil de laiton en épingles : celui-ci ne fait que des têtes, celui-là ne fait que des pointes, et tous n'usent qu'une quantité infiniment petite de leurs propres travaux réunis.

Nous venons de le dire : beaucoup de travailleurs n'en consomment pas même la moindre partie; plus d'un ouvrier lapidaire atteint sa dernière heure sans avoir, de sa vie, porté le moindre petit diamant. Tout ce qui satisfait nos besoins et nos goûts est pour ainsi dire l'œuvre d'autrui. Nous vendons, sinon l'intégralité, du moins une partie infiniment grande de notre propre travail, comparativement à celle que nous consommons nous-mêmes. Une foule d'inconvénients propres aux marchandises ordinaires ont dû porter depuis longtemps les hommes à choisir, pour en faire une marchandise de circulation, un produit qui de sa nature pût convenir à tout le monde.

Les monnaies d'or et d'argent sont seules propres à effectuer les transactions de la société actuelle. Depuis bien longtemps, le fer et plusieurs autres métaux qui pouvaient convenir aux anciens peuples ne remplissaient plus le but, parce que, devenus trop communs, ils offraient tous les inconvénients attachés aux marchandises de peu de valeur.

Les pièces d'or et d'argent monnayées sous les yeux de l'autorité, portant avec elles le certificat de leur pureté et de leurs poids, sont devenues non-seulement les agents de l'échange des produits, mais encore le principal instrument de la répartition et de la distribution de la valeur des produits entre les divers agents producteurs.

Tout en définissant l'échange, nous avons examiné dans ce chapitre, les causes qui ont obligé les hommes à recourir à l'aide d'un agent commercial, propre à faciliter leurs transactions journalières. Nous avons fait observer par quel motif l'or et l'argent sont venus remplir, d'une manière bien naturelle, les fonctions de mesure des valeurs, et de marchandise circulante. Nous passerons au chapitre suivant à l'analyse de la valeur des produits en général et des monnaies en particulier.

CHAPITRE XV.

De la valeur échangeable des produits en général et des monnaies en particulier.

Nous venons de le dire au chapitre qui précède : L'échange est la cession d'une quantité de travail en retour d'une autre quantité de travail, celle-ci jugée valoir celle-là, et la pratique de l'échange exige l'intermédiaire d'un produit servant à la fois de mesure des valeur et de marchandise de circulation.

Par des considérations que nous avons fait valoir, les métaux rares sont, de tous les produits, ceux qui conviennent le mieux à ce double usage, surtout dans l'état avancé de la société actuelle.

Mais la sécurité est la condition essentiellement indispensable aux transactions; il faut que le commerce soit renseigné d'une manière positive, non-seulement quant au degré de pureté mais encore quant aux quantités de matières contenues dans les pièces circulantes. Il a donc fallu, tant pour empêcher la supercherie dans le poids des monnaies, que pour épargner au public la peine d'une vérification qui ne peut se faire qu'à l'aide d'une opération chimique assez compliqués et qui exige des connaissances spéciales, que partout l'autorité se chargeât de la confection du numéraire, et qu'elle transformât elle-même les lingots d'or et d'argent en parties portant l'empreinte de leur poids et de leur titre.

La plupart des gouvernements se sont en effet réservé la fabrication des monnaies, et si l'on en excepte la fabrication de la monnaie de cuivre, ils ne cherchent pas à retirer un grand bénéfice de ce monopole.

D'après la loi belge du 5 juin 1832, il ne peut être exigé rien au-delà des frais de fabrication de ceux qui portent à la monnaie des matières d'or et d'argent. Ces frais sont fixés à 9 fr. par kil. d'or monnayé valant 3,100 francs, et à 3 francs par kil. d'argent qui, converti en numéraire, vaut 200 francs.

Ainsi, en Belgique, la fabrication de la monnaie d'or coûte environ 29 centimes et celle d'argent fr. 1-50 centimes par 200 francs de monnaie fabriquée.

Cependant on se tromperait étrangement, si l'on supposait que la valeur et le pouvoir de l'argent sont dus aux dispositions gouvernementales qui donnent cours légal aux pièces, celles-ci représentent une valeur positive dont l'importance peut varier en raison des quantités offertes et des quantités demandées. Les décrets, en ce qui concernent les monnaies, ont donc un caractère purement réglementaire et ne sont pris que dans l'intérêt de la sécurité.

L'unité monétaire en Belgique est le franc. Elle doit contenir 5 grammes d'argent au titre de neuf dixièmes, et si le gouvernement démonétisait les francs et les remplaçait par des francs à cours forcé faits avec 2 1|2 grammes d'argent au même titre, il est incontestable que les objets qui aujourd'hui se vendent dix francs, en vaudraient alors vingt. La mesure n'aurait d'autre résultat que de faire profiter 50 pour cent à ceux qui antérieurement, se seraient engagés à payer à d'autres un certain nombre de francs, mais dans ce cas, elle occasionnerait à ces derniers une perte tout-à-fait équivalente.

Dans les achats et les ventes, la valeur du travail de tous les éléments qui ont concouru à la production d'un produit, est rapportée à celle des travaux des éléments de production d'une certaine quantité de l'un des métaux précieux, et lorsque le cultivateur consent à céder un hectolitre de blé en retour de trois pièces de 5 francs, il faut en conclure que le travail général des éléments créateurs de l'hectolitre de blé est jugé valoir exactement, au lieu et à l'heure de la transaction, le travail de ceux qui, ensemble, ont créé la quantité d'argent fin contenue dans trois pièces de 5 francs.

Nous disons : d'argent fin, parce que l'alliage n'a aucune valeur, et que l'adjonction au métal précieux en a été faite dans le seul but de solidifier davantage les pièces. Du reste, la séparation de l'alliage exigerait une opération chimique délicate dont les frais dépasseraient probablement la valeur du métal à extraire.

Passons à d'autres considérations.

La valeur de tout produit peut se subdiviser en deux parties : la première représente la valeur intrinsèque, elle est née des travaux qui ont présidé à l'extraction ou à l'assemblage de la matière brute. La seconde représente celle de la façon, elle résulte de la manipulation de la matière.

Il est des produits dont la valeur intrinsèque est peu de chose, comparativement à la valeur ouvrée. Une garniture de dentelles a une valeur insignifiante en matière brute, elle en a quelquefois une considérable en main-d'œuvre. La plupart des *chinoiseries* ont peu de valeur en matière, elles en ont souvent beaucoup en façon. Une trousse de clefs peut valoir cent francs, et représenter, tout au plus, une valeur d'un franc en fer consommé.

D'autres produits ont exigé une manipulation peu importante et ne valent guère plus que le coût de la matière brute : tels sont ces prismes en fer coulé qui servent de lestage aux embarcations et qui, convenablement disposés, déterminent la ligne d'eau la plus avantageuse à la marche des navires; telles sont encore certaines quantités déterminées de fonte auxquelles on a donné des formes particulières, et dont on se sert lorsqu'il s'agit d'établir le poids des choses.

Mais la fabrication des poids de fer a lieu par des travaux peu coûteux et d'une grande simplicité, il s'en suit que, de tous les produits de fer ouvré, il n'en est point qui offrent une moindre valeur en main-d'œuvre. Aussi, le prix des poids ne peut dépasser sensiblement celui des gueuses du même métal.

D'un autre côté, les poids ne sauraient avoir une valeur inférieure à celle du fer en gueuse; car, s'il en était autrement, les fondeurs achèteraient les premiers de préférence à ces derniers, pour en faire de la fusion.

Ce qui précède peut fixer les idées, quant à la valeur échangeable des produits en général.

Passons maintenant, d'une manière spéciale, à l'analyse de la valeur des produits faits de métaux précieux.

Ces produits, comme les autres, représentent une valeur totale équivalente à celle de la matière et à celle de l'évaluation de tous les travaux de confection. C'est ainsi qu'un vase d'argent vaut son poids de ce métal, augmenté de toute la valeur du talent et de la main-d'œuvre des artistes et des ouvriers qui ont sacrifié leur temps à façonner la matière première et à confectionner la pièce d'argenterie, de manière que de deux produits similaires du même métal et du même poids, celui dont l'exécution aurait réclamé le plus de talent ou le plus de travail, aurait une valeur supérieure à l'autre.

L'or, et surtout l'argent sont les substances dominantes dont on fait la vaisselle de prix, et cette foule de superfluités que l'on aperçoit à l'étalage de l'orfèvre. Nous avons eu occasion de faire remarquer que ces matières sont aussi les plus propres à la confection des monnaies, mais, sous cette dernière forme, elles n'ont subi qu'une main-d'œuvre presque insignifiante.

En effet, la pièce d'or ou d'argent n'est simplement qu'une partie déterminée de l'une ou l'autre de ces matières, sur laquelle l'autorité a déposé certaines empreintes. Et comme la division d'un lingot et le monnayage en général constituent un travail d'une valeur très-minime comparativement à celle de la matière qui, très-ductile, se transforme facilement et n'occasionne qu'un déchet très-peu important, il s'en suit qu'une pile de 20 pièces de 5 francs, pesant 500 grammes, a une valeur qui dépasse de très-peu celle d'un lingot d'argent au même titre et du même poids. Et s'il arrivait que la quantité de monnaie en circulation ne fût pas en rapport avec le nombre et l'activité des transactions, et que par suite, la valeur de l'argent monnoyé dépassàt notoirement celle des lingots, on comprend que l'équilibre se rétablirait promptement, tant par la sollicitude et l'intérêt même des gouvernements, que par l'industrie privée qui en feraient battre. D'un autre côté, une pile de 20 pièces de 5 francs ne saurait avoir une valeur moindre qu'un lingot d'argent au même titre et du poids de 500 grammes, parce que, si cela arrivait, l'orfèvrerie emploierait à la confection de ses produits, de la marchandise de circulation de préférence à de l'argent brut; l'industrie elle-même transformerait la monnaie en lingots.

Il résulte de cette double considération, que la valeur des monnaies et celle des lingots se suivent nécessairement, et qu'elles tendent, en quelque sorte, à se confondre en une seule et même valeur.

On est presque tenté de dire, que les monnaies sont aux lingots, comme les poids de fer coulé sont aux gueuses, d'autant plus qu'il y a quelque rapport entre les emplois que remplissent les poids et les monnaies dans les échanges de la société : les poids servent à déterminer les quantités des produits, les monnaies, à les échanger. Les nations doivent en avoir des uns et des autres, en quantités capables de subvenir aux besoins des transactions; mais il leur serait inutile, onéreux même d'en posséder au-delà. En effet, quel bien pourrait-il résulter de la possession d'une quantité surabondante de poids? La nation pèserait-elle, par cela même, plus de marchandises? Aucunement : ce n'est pas le nombre de poids qui détermine les pesées, mais bien les quantités de produits que l'on possède et dont on veut constater le poids. De même, ce n'est point la grande abondance du numéraire qui détermine les transactions, mais bien les quantités de travaux faits qu'on possède. Le gouvernement qui userait sa politique à favoriser la production ou l'importation de certains ustensiles de ménage, de manière qu'il en existât au-delà des besoins, se rendrait positivement ridicule, et les besoins de ses administrés n'en seraient ni moins nombreux, ni mieux satisfaits.

La concurrence fixe indistinctement la valeur relative de toutes les productions, elle règle par conséquent aussi celle de l'argent par rapport à un autre produit. Mais une foule de circonstances peuvent faire varier la valeur des choses par rapport à celle de l'argent. Telle marchandise qui vaut aujourd'hui une pièce de 5 francs peut être considérée, dans d'autres moments, comme ayant une valeur moindre. De même, une production extraordinaire d'argent, une diminution dans la demande, la découverte de nouvelles mines ou un amoindrissement de concours du capital dans les travaux d'extraction, diminuerait nécessairement la valeur de l'argent brut et monnayé par rapport aux autres produits, puisque, dans ces cas, la concurrence agirait plus activement, que par le passé, parmi les vendeurs de ce métal.

Cette même concurrence détermine également la valeur des travaux des éléments de production de l'or par rapport à ceux de l'argent, et si aujourd'hui il était établi que les travaux créateurs de l'or, sont à ceux de l'argent, comme 1 est à 15, une production plus abondante de l'un de ces métaux sans augmentation proportionnée dans la demande, ou des besoins plus grands de l'autre, pourrait nécessairement troubler la valeur relative que nous venons de supposer entre ces deux métaux. L'augmentation de la production de l'or par le seul lavage des sables aurifères de la Californie, en l'absence d'une augmentation de demande dans la même proportion, est capable de modifier la valeur de ce dernier métal par rapport à celle du premier; car la valeur de l'argent n'est point liée à celle de l'or comme les pointes de certains instruments géométriques qui servent à réduire les plans et dont l'une ne saurait parcourir une ligne, sans que l'autre n'en décrivit une qui lui fût proportionnelle.

Il résulte de cette considération, qu'il convient qu'un seul métal précieux serve de mesure à la valeur des produits.

L'argent est, de nos jours, le métal qui semble convenir le mieux, et quoiqu'il n'y ait pas précisément lieu de croire que le rapport entre la valeur de l'or et de l'argent soit de sitôt bouleversé, le principe n'en est pas moins là, et certaines lois n'en sont pas moins vicieuses, lorsqu'elles obligent d'accepter, pour cinq pièces de cinq francs, une pièce d'or d'un poids et d'un titre déterminés, qui, bien qu'elle porte l'empreinte de 25 francs et qu'elle soit monnaie légale, peut ne pas valoir cette somme en argent. Mais si ces pièces avaient plus de valeur, on comprend qu'elles disparaîtraient insensiblement de la circulation.

Le retrait du cours légal des pièces d'or dans quelques pays, peut évidemment contribuer à occasionner une certaine réduction dans la valeur de ce métal ; car les quantités retirées de la circulation aident à alimenter la consommation réelle, et comme les conséquences de la dépréciation de toute marchandise sont supportées par ceux qui en sont les possesseurs, les mesures prises dans l'espèce, par un gouvernement, peuvent dicter certaines obligations à d'autres et les obliger à prendre des dispositions analogues.

On nous objectera peut-être, que ces craintes sont chimériques, qu'au surplus, les pièces d'or sont nécessaires et qu'elles offrent de grandes facilités pour les envois et les voyages, etc. Nous ne soutenons pas le contraire, seulement nous voudrions voir les gouvernements émettre des pièces d'or à un titre et d'un poids uniformes, elles auraient évidemment cours partout, elles seraient régulièrement côtées et elles suppléeraient à tous les besoins.

Mais s'il peut être bon de se réduire, pour la fabrication de la monnaie légale, à l'emploi d'un seul métal précieux, il est nécessaire, du moins à notre époque, de maintenir une exception en faveur des monnaies de cuivre; car il se fait parfois des paiements de sommes et d'appoints d'une valeur en argent si minime, qu'il faudrait, si la monnaie de cuivre était totalement abolie, la remplacer par des pièces d'argent trop petites pour qu'il n'en résultât pas certains inconvénients.

Il convient donc que chaque nation ait chez elle une certaine quantité de monnaie de cuivre, de manière à pouvoir satisfaire à tous les besoins. Mais, comme la fabrication de cette monnaie est susceptible de laisser de grands avantages au trésor, il nous semble complètement inopportun d'admettre la monnaie de cuivre étrangère ou de lui donner cours légal.

CHAPITRE XVI.

La liberté de l'échange amène l'organisation naturelle du travail. — Elle fournit les moyens d'obtenir la plus grande somme possible de jouissances.

Si l'on en excepte quelques produits dont la création est tout à fait locale, et que certains peuples ne sauraient se procurer autrement que par l'échange, une nation peut parvenir, de trois manières, à la possession de cette foule de choses que l'on trouve au sein d'une société civilisée. Elle peut les obtenir en premier lieu :

Par la création directe; en appliquant elle-même à la matière ses propres travaux agricoles, manufacturiers et commerciaux.

En deuxième lieu :

Par la création mixte; c'est-à-dire en faisant subir à la matière une partie de ses travaux et en s'appropriant l'autre partie par l'échange avec l'étranger.

En troisième lieu :

Par la création indirecte; par l'achat à l'étranger; c'est-à-dire par la cession d'une certaine quantité de son propre travail jugée, par les parties, équivalente aux travaux que la création du produit acquis a exigés de la part de l'étranger.

Quoiqu'une infinité de chemins conduisent à Rome,

celui qui veut éviter la fatigue et la perte du temps, suit de préférence la voie la plus courte et la plus praticable. Il en est de même dans la question qui nous occupe; quoiqu'il s'offre aux nations plusieurs moyens de se pourvoir de produits, il est de leur intérêt de faire un choix, et d'opter en faveur des moyens de possession les moins dispendieux. Tantôt la création directe peut être plus avantageuse que la création mixte, tantôt celle-ci est préférable à celle-là, quelquefois la création indirecte, c'est-à-dire l'acquisition par l'échange, est le mode de possession le plus avantageux.

Bien des personnes ne sont pas de cet avis. Elles prétendent qu'il est de l'intérêt des nations de posséder par la création directe, dussent les produits coûter plus cher, et elles n'admettent l'opportunité de l'échange avec l'étranger, qu'autant que la création par d'autres moyens, soit pour ainsi dire matériellement impossible.

Nous allons tâcher de démontrer toute l'absurdité de pareilles doctrines.

Les questions qui se rattachent à l'échange sont trop controversées et trop abstraites, pour que nous n'éprouvions pas la crainte de n'être pas assez clair. Nous tâcherons, en recourant à un exemple, de suppléer à ce manque de pouvoir communicatif, qui est l'apanage particulier des écrivains habiles.

Supposons que Jean, Pierre et Paul, obligés de vivre dans l'isolément, dussent se créer, par eux-mêmes et d'une manière directe, toutes les choses nécessaires à l'alimentation de leurs familles. Ils possèdent tous trois le même capital et travaillent douze heures par jour.

Bien qu'ils soient également actifs et laborieux, celui-ci est plus apte que celui-là, à tel ouvrage; la nature l'a gratifié de quelques dispositions qui lui rendent plus facile qu'aux autres, l'accomplissement de certains travaux. Mais aussi, ceux-là ont, à leur tour, et par les mêmes causes, des aptitudes toutes particulières.

Par ces motifs, Jean sacrifie trois heures de travail par jour à la production de matières nutritives, sept heures à celle de vêtements, et deux heures à celle d'autres objets indispensables.

Afin de parvenir à la possession des mêmes produits, Pierre dispose de sa journée d'une autre manière : il emploie sept heures à produire les mêmes matières nutritives, il travaille seulement deux heures à faire ses vêtements, et trois heures à la production d'autres objets.

Quant à Paul, deux heures de travail lui suffisent pour se procurer les matières nutritives, il applique trois heures à la production de vêtements, mais il lui faut consacrer sept heures à la création de ces mêmes autres objets indispensables.

Il y aura donc identité complète entre les produits de Jean, Pierre et Paul : les douze heures de travail procureront à chacun d'eux les mêmes satisfactions. Cependant, s'ils avaient la faculté d'opérer, entre eux, l'échange d'une partie de leurs travaux, chacun appliquerait de préférence tout son temps et son capital au travail qui lui paraîtrait le plus facile, et qui serait le plus en harmonie avec ses goûts.

Paul s'occuperait pendant deux heures à la production des matières nutritives à son usage, pendant deux heures, de celles de Jean, et pendant deux autres heures de celles de Pierre; il travaillerait donc, en tout, une demi-journée. Le même temps suffirait à Paul pour la confection de ses vêtements et de ceux à l'usage de ses deux amis, et à Jean pour la création des autres objets indispensables à tous les trois. Et l'heure de travail de l'un, valant l'heure de travail de l'autre, chacun, après avoir opéré l'échange de son superflu, jouirait, par six heures d'occupations faciles, du même bien-être qui, avant, exigeait de lui un travail assidu de douze heures.

Il résulterait ainsi de la possibilité de l'échange et de l'application rationnelle des capitaux qui en est une conséquence, un bénéfice net, pour chacun d'eux, de six heures par jour; c'est-à-dire, que la possibilité d'échanger fournirait à chacun les moyens de doubler ses jouissances.

Afin de simplifier, nous avons supposé à nos trois travailleurs un même capital, et des aptitudes particulières évaluées à la même valeur. Cependant, si les éléments de production de l'un de nos trois personnages étaient supérieurs à ceux des deux autres, il aurait pu créer, pendant les six heures de travail, une valeur supérieure à celle que chacun de ses deux amis aurait produite pendant le même temps; circonstance qui lui permettrait de faire encore d'autres échanges, ou de travailler moins de temps qu'eux, tout en ayant droit aux mêmes jouissances.

Si nous généralisions, si, au lieu d'appliquer ce qui précède à une compagnie de trois individus, nous l'étendions à toute la société, nous découvririons non-seulement ces mêmes vérités, mais nous trouverions encore, que le bien-être qui résulte de la liberté de l'échange augmente en raison du nombre des populations travailleuses (*).

Remarquons encore, que l'application des travaux de l'homme et du capital, selon la volonté de la loi naturelle, est la conséquence immédiate, immanquable de la liberté de l'échange. En présence de cette liberté, chacun doit forcément se livrer aux occupations pour lesquelles il se sent le plus d'aptitude, et appliquer son capital aux travaux dont l'accomplissement lui est le plus facile.

En effet, qui oserait en agir autrement lorsque aucune disposition législative ne ferait supporter par les masses, les désavantages de la création nulle ou négative? Où est l'homme disposé à tenter une lutte à armes inégales? Où est celui qui, sans protection aucune, entrerait en lice avec d'autres qui disposent, gratuitement et par exception, d'une faveur toute particulière ?

Ainsi, la liberté de l'échange amène l'organisation rationnelle du travail, la division convenable des occupations; c'est-à-dire la création de beaucoup de pro-

(*) Première partie, chap. III.

duits, en peu de temps, par peu de travaux humains, et, comme l'échange constitue la cession d'un travail pour un autre, celui-ci valant celui-là, il s'en suit que non-seulement la liberté d'échanger nous oblige à faire beaucoup en peu de temps, mais elle nous fournit encore les moyens d'échanger des parcelles de notre travail, contre des parcelles équivalentes des travaux d'autrui. Elle nous donne ainsi le pouvoir d'obtenir, en retour de nos peines, la plus grande somme possible de jouissances.

La liberté de l'échange amène donc la véritable augmentation du salaire de tous. Elle agit sur le bien-être, non pas précisément par l'élévation du salaire évalué en argent, celle-ci n'est pas toujours avantageuse (*), mais par la réduction générale du coût des produits, à la faveur de la consommation capitale comparativement minime qu'exige la création par l'organisation naturelle du travail.

Ils sont donc dans une profonde erreur, ceux qui prétendent qu'il est préférable de produire d'une manière directe, dût la production être plus onéreuse.

On nous objectera qu'il faut chercher à occuper les populations. Nous sommes du même avis : il est du devoir des gouvernements d'extirper la misère en chassant l'oisiveté. Tous, nous sommes d'accord sur ce point, mais nous différons quant aux moyens.

Nous soutenons qu'il faut guérir la société, en la dégageant petit à petit des liens qui l'étreignent et qui

(*) Première partie, chap. X, page 143

la gênent ; il faut que le grand corps social vive de sa vie naturelle, qu'il fonctionne régulièrement selon sa constitution et son âge. Soyons-en persuadés, ce n'est point avec des palliatifs, avec des remèdes d'un jour, dont la réaction aggrave souvent le mal, que l'on parviendra à sauver la société.

En effet, à quoi bon provoquer une application démesurée de bras à la fabrication, quand les moyens que l'on croit devoir employer compriment et paralysent l'action commerciale ? Telle est souvent la tendance de l'opinion publique. Cependant quoi qu'on la subdivise en trois branches principales, l'industrie n'est-elle pas une ? Tout produit capable de satisfaire un besoin humain, n'existe-t-il pas par le concours simultané de l'agriculture, de l'industrie manufacturière et du commerce ? — L'action commerciale ne donne-t-elle pas aux choses un dernier fini tout aussi indispensable que le travail agricole et manufacturier ? Nous en convenons, l'agriculture et l'industrie manufacturière sont dignes de toute la sollicitude des gouvernements ; il est incontestablement fort utile de multiplier le pouvoir productif de ces deux sources de la prospérité, mais il est complètement inopportun de favoriser l'établissement d'industries fictives ; car bien qu'elles puissent, à force de protection, enrichir quelques individus, elles appauvrissent les masses, elles consomment plus de valeurs qu'elles n'en produisent, elles ne peuvent vivre qu'au prix d'éternels sacrifices.

Il n'y a de véritable bonne protection que celle qui conduit à la réduction, et non à l'élévation soutenue des produits ; que celle qui, loin d'obstruer les voies communicatives, permet à l'industrie commerciale de marcher de front avec les autres pouvoirs producteurs ; car, à quoi sert une production extraordinaire sans débouchés convenables ?... A rien. Elle ne saurait avoir qu'une existence éphémère. Elle amène en quelques jours l'encombrement et le malaise qui donnent lieu au chômage.

Bien des personnes s'imaginent que le commerce vit aux dépens de la production et de la consommation. C'est là une erreur dont nous avons démontré l'absurdité (*). Tout en agissant dans le sens de l'intérêt propre, l'industrie commerciale rend d'immenses services au monde. Vos fermiers ont-ils trop de blé, sont-ils aux abois ? Le commerce vient à leur secours. D'autres meurent-ils de faim, ou sont-ils mal vêtus ? Le commerce leur porte de quoi manger ou de quoi se vêtir. Il vous débarrasse en un mot, des choses que vous avez en abondance ou qui vous sont moins indispensables que d'autres dont vous manquez, et qu'il vous apporte. Le monde lui paie, il est vrai, une certaine rémunération, mais le commerce lui cède l'emploi de son temps et de ses capitaux, et bien que l'action commerciale soit cosmopolite, que le monde entier soit sa patrie, les bénéfices qu'elle fait sont répartis entre les nations commerçantes, en raison de la part que chacune d'elles a prise à ce travail de nivellement de la valeur des produits.

(*) *Des Richesses créées par l'Industrie et les Arts*, chap. VIII.

Fourrier aussi semble méconnaître les services du commerce lorsqu'il signale, au nombre des avantages du système phalanstérien, l'élimination de cette nuée de parasites qui, sous le nom de commerçants, viennent se placer entre les producteurs et les consommateurs. C'est là évidemment un reproche mal fondé. Qui empêche donc les consommateurs de s'adresser directement aux producteurs? — Pourquoi ces derniers ne communiquent-ils pas avec les premiers? — La raison en est simple : parce que l'intérêt des uns et des autres s'y oppose, parce que le temps le mieux employé est celui que l'on consacre à l'occupation ordinaire.

Pour nous, au contraire, qui sommes convaincu que le travail du commerçant est tout aussi utile et tout aussi indispensable que celui du cultivateur ou du manufacturier, loin de désirer le démembrement de la caste commerçante, nous voudrions voir se multiplier cette corporation qui s'interpose entre les producteurs et les consommateurs; qui, à ses risques et périls, va opérer l'échange du nord au sud, de l'est à l'ouest; car, dans notre conviction, le corps de l'industrie commerciale n'est pas assez nombreux dans la grande armée industrielle. Nous voudrions que les lois et les réglements ne détournassent plus l'emploi des bras et des capitaux de cette branche de l'industrie qui végète malheureusement dans une atmosphère de restrictions, mais qui, rendue libre, se développerait d'une manière considérable, occuperait bien des bras oisifs et entraînerait, dans la voie de la prospérité, l'agriculture et l'industrie manufacturière.

Cette prédisposition à attirer, d'une manière irréfléchie, l'attention des spéculateurs vers la production par l'industrie manufacturière porte de bien mauvais fruits. Elle détourne les bras et les capitaux de leurs véritables destinations, elle jette l'industrie dans une fausse voie.

Semblable à un feu de paille qui répand une clarté extraordinaire mais de courte durée, l'industrie fictive provoque souvent, au début, un mouvement remarquable, une activité séduisante, mais malheureusement des plus éphémères. Les premiers bénéfices ont séduit, les établissements se sont multipliés. Les produits abondent, les débouchés manquent ; les capitaux sont immobilisés, la concurrence s'agite d'une manière forcée; les industriels se ruinent et le salaire de l'ouvrier baisse. Rien d'aussi destructif, et rien de plus menaçant pour l'ordre public.

Les hommes, attirés par une lueur passagère de bien-être, se sont agglomérés, et bientôt les fabriques chôment. Industriels et ouvriers sont également misérables. Les uns disent qu'on produit trop, les autres qu'on ne produit pas assez. Les industriels voudraient qu'on limitât la production, les ouvriers réclament le droit au travail. Tout marche à contre-sens, tout s'entrechoque. L'industriel est ruiné, l'ouvrier est sur la paille. La misère est partout, et pendant que d'innombrables plaines sont encore désertes et incultes, on prétend que le genre humain est trop multiplié, on se déchaine contre les mécaniques, on en veut à la division du travail!

Soyons justes, imputons à notre propre ineptie

tous ces maux qui accablent l'humanité. Nos lois et nos réglements ont tout gâté. En entravant l'échange, nous avons créé des industries, mais des industries fictives, ruineuses. La nature voulait travailler pour nous, nous rendre la tâche facile, et nous avons répudié ses bienfaits; nous la contrarions, nous voulons qu'elle fasse ici, ce qu'elle ne veut faire que là.

Et qu'on ne dise pas que nous faisons de la théorie, les faits répondraient pour nous :

Les usines, les magasins regorgent de produits, et des millions d'hommes sont à moitié nus. Ici des masses de céréales se gâtent et deviennent la proie des insectes, là des populations entières manquent de pain. Et pendant que l'industriel mène une vie d'agitation et d'angoisse, que souvent il s'appauvrit et se ruine, l'ouvrier se croit exploité par le maître; il se dit la victime de ce qu'il appelle le capital !

La liberté de l'échange, au contraire, conduit tout droit à l'organisation rationnelle du travail, elle dirige l'emploi des bras et des capitaux au plus grand bonheur du monde, elle empêche les agglomérations inutiles et incommodes, en éparpillant l'espèce humaine conformément aux besoins réels de la société.

Ceci posé, il nous reste encore à démontrer que la liberté de l'échange, seule, permet la répartition juste et équitable des valeurs créées, entre les agents divers de la production. C'est ce que nous tâcherons de prouver dans le chapitre suivant.

CHAPITRE XVII.

De la répartition des valeurs créés par le travail. — Le système exclusif porte la perturbation dans cette répartition. — Elle augmente injustement la valeur de la propriété, au détriment des masses.

Avant de parvenir à l'état de produits capables de subvenir aux besoins humains, les matières passent successivement par les trois grandes subdivisions industrielles. L'agriculture les extrait du sein de la terre. L'industrie commerciale les assemble et les dépose dans les usines du manufacturier qui les sépare, les mélange, les façonne. Puis, elle s'en empare de nouveau, tantôt pour les porter dans d'autres ateliers, tantôt pour les livrer à la consommation de l'homme. Il n'est guère que la fleur ou le fruit que nous cueillions nous-mêmes et que nous consommions sans préparation aucune, qui nous représente un produit uniquement agricole, à la valeur duquel d'autres industries n'aient pas contribué d'une manière directe (*).

Les produits que nous consommons ne sont donc que des matières recueillies et appropriées, par le

(*) *Des Richesses créées par l'Industrie et les Arts.* Chapitre XX.

travail des trois grandes subdivisions industrielles, à la satisfaction d'un besoin ou d'un plaisir, et dont la valeur s'accroit à mesure qu'elles se rapprochent de cet état qu'exige la consommation humaine.

La concurrence détermine la valeur relative des produits. C'est elle encore qui préside à la répartition équitable des valeurs entre l'agriculture, l'industrie manufacturière et le commerce. Mais la part assignée à chacune de ces trois grandes artères de la production, est encore répartie entre les divers pouvoirs producteurs qui les constituent.

La valeur du travail agricole est dévolue :

A l'exploitant, en vertu de son industrie.

A l'ouvrier, en vertu de ses travaux.

A la propriété, en vertu du travail d'un agent naturel appropriable.

Au capital, en vertu de ses services.

La valeur du travail manufacturier revient :

A l'industrie du fabricant.

Aux travaux de ses ouvriers.

Aux services de son capital.

De même, la valeur du travail commercial est dûe :

A l'industrie du commerçant.

Au concours de ses aides en général.

Aux services de son capital.

C'est encore la concurrence qui préside à la répartition juste et équitable de la valeur créée entre ces divers éléments de production; c'est-à-dire, entre le cultivateur, l'ouvrier aux champs, la propriété et le capital, en ce qui concerne l'agriculture. Entre le manufacturier, ses ouvriers et son capital, en ce qui regarde l'industrie manufacturière. Enfin entre le commerçant, ses aides et ses capitaux, en ce qui concerne l'industrie commerciale.

La concurrence détermine ainsi, non-seulement la valeur des produits, mais elle fixe encore la valeur particulière des services rendus par chaque élément de production. Tous reçoivent en vertu de ses lois, un salaire équivalent aux services qu'ils ont rendus, et la valeur globale des créations est répartie, d'une manière régulière, selon le pouvoir productif des hommes et des choses.

Nous l'avons fait observer au chapitre précédent : en enchaînant l'action commerciale, le système exclusif est contraire au bonheur du genre humain, parce qu'il en résulte une augmentation de travaux en pure perte.

Au contraire, la liberté d'échanger procure à chacun le pouvoir de faire beaucoup en peu de temps, et d'obtenir le plus possible en échange de son propre travail.

Mais l'application du système exclusif ne se borne pas à imprimer aux travaux humains une direction défavorable au bien-être de l'humanité, elle donne lieu encore à une iniquité immense, en portant, au profit de quelques-uns, mais au grand préjudice des masses, la perturbation la plus déplorable dans la répartition des valeurs créées.

Tâchons de rendre cette dernière vérité plus palpable, en examinant successivement les effets réels et concluants des entraves posées à la liberté de l'action commerciale, et recherchons en premier lieu l'influence de la prohibition, au point de vue de l'agriculture.

La généralité des produits agricoles récoltés à la surface de la terre est limitée par le pouvoir et l'étendue du sol, et l'importance des besoins de ces productions est proportionnée à la population. Or, la prohibition ou les hauts droits n'ont pas le pouvoir d'augmenter la masse des productions terrestres, ils ne modifient non plus en rien les besoins. En écartant les produits étrangers, ils mettent un frein à la concurrence parmi les vendeurs, ils augmentent ainsi sensiblement la valeur du produit agricole. Il s'en suit que l'hectolitre de froment qui, avec la liberté commerciale, vaudrait peut-être quinze francs, peut, à la faveur de la prohibition ou de l'imposition, valoir le double. Mais cette augmentation de valeur n'est point le résultat d'un surcroît de création, elle constitue simplement une prime prélevée sur le consommateur, non au profit de l'agriculture, mais en faveur de la propriété territoriale.

Les fonds de terre, les mines et généralement toutes les choses investies d'un certain pouvoir naturel, et susceptibles d'être possédées, ont une véritable valeur proportionnée au pouvoir productif qui leur est inhérent; valeur qui peut être augmentée par certains moyens utiles, tels que l'invention et l'application de nouveaux procédés avantageux d'exploitation.

Les propriétés représentent une accumulation plus

ou moins avantageuse de travaux accomplis (*), il serait à la fois impolitique et injuste d'en dépouiller les possesseurs, mais il est tout aussi inopportun d'en augmenter la valeur et le revenu, d'une manière fictive.

Néanmoins, dans bien des pays, sous prétexte d'encourager l'agriculture et l'industrie minéralogique, on a cru devoir imposer à l'entrée les minéraux et les autres produits agricoles. Il est incontestable que le but qu'on s'était proposé n'a pas été atteint; ces mesures n'ont eu, et ne pouvaient avoir d'autre portée que celle d'élever, au détriment des masses, la véritable valeur des propriétés. Elles ont profité, non à l'agriculture, mais à une seule caste d'hommes: aux propriétaires qui, moins nombreux que les fermiers et les entrepreneurs d'industrie, ont trouvé dans la concurrence qui agite ces derniers, le pouvoir de faire tourner à leur profit tous les avantages de la protection.

L'expérience du passé corrobore complètement ce que nous venons d'avancer. En effet, quels résultats a-t-on obtenus par l'imposition des produits agricoles? S'en est-il suivi quelque avantage en faveur des masses? L'agriculture elle-même, au nom de laquelle on continue à réclamer l'exclusion de la production étrangère, en a-t-elle profité? La terre a-t-elle porté un épi de plus? — Rien de tout cela. A la faveur d'une protection plus spéciale accordée à un produit déterminé, il se peut qu'il en ait été récolté davantage, cependant cet excédant de production a dû nécessaire-

(*) Première partie, chapitre X, page 142.

ment amener une réduction dans la récolte d'autres denrées agricoles moins protégées; car, nous l'avons fait observer, la généralité des produits terrestres est limitée par le pouvoir et l'étendue du sol; pouvoir que peuvent seuls augmenter certains travaux utiles, tels que la découverte et l'application de procédés scientifiques (*). Et on admettra, surtout en agriculture, que la valeur réelle du surcroît, en fait de produits plus spécialement protégés, doit être inférieure à celle des produits dont la création n'a pu avoir lieu. (**).

On a souvent cité en faveur des hauts droits, le bas prix de certaines céréales dans les contrées régies par le système protecteur. Mais ce fait, qui peut arriver, ne détruit en rien cette vérité : que l'imposition augmente, au détriment du consommateur, la valeur globale des produits agricoles.

Est-il résulté de la protection quelque bénéfice pour le fermier, pour ce véritable travailleur agricole qui exploite à son corps défendant? Celui enfin qui bèche la terre, qui sème le blé, qui coupe la gerbe, qu'a-t-il gagné à cette protection, ou plutôt à cette faveur réclamée au nom de l'agriculture? — Certes, il vend ses produits plus cher, mais il a vu doubler ses charges. Il n'y a gagné qu'une mauvaise chance de plus; car les entreprises agricoles, moins dangereuses peut-être que d'autres, ont aussi leurs mauvaises chances : les éléments ont bientôt détruit les travaux

(*) Première partie, chapitre X, page 150.

(**) Première partie, chapitre VIII, page 93.

de l'homme, les gelées, les vents, la grêle, les débordements, le feu du ciel ou celui du mauvais gré ont plus d'une fois anéanti, en un clin d'œil, les moissons récoltées par la sueur de toute une population agricole. Et que reste-t-il au fermier que la fatalité visité, en présence de ces baux doublés? — Une double misère!

La protection a-t-elle rendu moins misérable le sort de l'ouvrier aux champs? — Evidemment, rien de tout cela. L'imposition n'a point augmenté le salaire des travailleurs agricoles, elle n'a point amélioré le sort des fermiers. Elle n'a eu d'autre résultat que celui d'élever les prix, tant des denrées alimentaires que des matières brutes. Elle n'a eu d'autre effet que celui d'élever la valeur de la propriété foncière; que celui d'augmenter considérablement les revenus des propriétaires.

Bien que la liberté d'échange soit la seule planche de salut, le seul remède qui, appliqué insensiblement et avec modération, puisse, sans trop de secousse, amener la société sur la bonne voie, l'adoption de ces principes sera longtemps retardée, parce que les réformes les plus avantageuses mêmes ne peuvent se faire sans léser certains intérêts; parce que le retour vers une administration plus paternelle, qui amènerait une répartition plus équitable des valeurs créés, ne peut avoir lieu, sans amoindrir la part de ceux qui sont injustement favorisés.

Dès le milieu du dernier siècle, des hommes doués d'un profond esprit d'observation, avaient dévoilé toute l'absurdité de ces idées superficielles qui cachent le mensonge sous une apparence de vérité, mais l'erreur était trop profondément enracinée dans l'esprit des masses pour que la vérité pût se faire jour d'une manière spontanée. Rien du reste n'est plus difficile à extirper que le mensonge longtemps accrédité : on croit insensé, l'homme qui ose soutenir le vrai en présence de mille autres qui soutiennent obstinément le faux.

Il y a quinze ans, l'Angleterre elle-même, réputée pour l'esprit froid et réfléchi de ses hommes d'état, était complètement dominée par la croyance que le système protecteur exclusif était le plus propre à alimenter le travail national. En écartant la concurrence étrangère, on se réserve, disait-on, la production de tout ce dont on a besoin. Sir Robert Peel, ce grand réformateur moderne dont l'Angleterre pleure encore la mort prématurée, fut lui-même, pendant bien longtemps, un des principaux soutiens de ce système. Semblables à des semences jetées dans un sol aride, les écrits d'Adam Smith n'avaient rien produit. Il a fallu que la misère qui grandissait de jour en jour, se manifestât universellement, arrêtât elle-même les esprits, et fit imprimer un mouvement inverse à l'administration du monde.

La cherté exorbitante des vivres, surtout en Angleterre, y fit naître une ligue contre la loi des céréales. Originairement peu nombreuse, mais composée d'hommes graves, désintéressés, sachant faire le sacrifice de leurs propres intérêts, la ligue fit au début peu de prosélytes. Mais, qui peut résister éternellement à la vérité, quand elle a pour apôtres des orateurs courageux et incorruptibles tels que M. Cobden et ses amis ?

La ligue fit insensiblement invasion dans les rangs élevés de la société anglaise, elle gagna sir Robert Peel qui, alors premier ministre et rompant complètement avec ses co-religionnaires politiques, proclama du haut de la tribune anglaise, l'impuissance du système protecteur, et la régénération future du monde par le libre échange. Cette déclaration solennelle faite avec l'expression d'une profonde conviction, par un homme au pinacle des affaires et jouissant d'une considération immense, rendit la ligue formidable et toute puissante. Robert Peel proposa et obtint l'abrogation de la loi sur les céréales, il modifia profondément le système protecteur et l'acte de navigation qui datait de l'époque de Cromwell.

Une autre célébrité politique, lord John Russel, ne tarda pas à adopter les vues du réformateur. Arrivé lui-même au pouvoir, il maintint et continua l'œuvre de son prédécesseur. Bientôt sir James Graham vint prêter dans le parlement le secours de sa parole au système intronisé par Robert Peel.

Possesseur de grands biens, sir James Graham avait tout à perdre au triomphe de cette cause, mais homme probe et profondément convaincu, le sentiment du vrai étouffa chez lui le sentiment de l'intérêt. Il démontra à la tribune que, si l'adoption de la liberté commerciale pouvait porter une légère atteinte au superflu d'un seul riche, elle soulagerait la misère de dix mille pauvres. Il prouva, qu'en 1848, un million et demi d'Irlandais capables de travailler, étaient secourus par la charité publique, mais grâce, disait-il, au système de liberté qui commence à nous régir, à peine l'Irlande compta-t-elle, en 1850, trente-huit mille individus qui réclament des secours. Osons, disait-il récemment encore, regarder la vérité en face, prenons les choses telles qu'elles sont et non comme notre intérêt personnel voudrait qu'elles fussent. Disons la vérité, disons-la tout entière : Il faut pour le bonheur du monde, qu'aucune pression ne vienne déranger le niveau naturel des substances alimentaires; il faut que la valeur des céréales s'établisse sous la protection de la liberté commerciale! Ces paroles qui pourraient paraître suspectes, si elles étaient prononcés par un prolétaire, de quel poids ne sont-elles pas quand elles tombent de la bouche d'un grand propriétaire? — Elles ébranlent dans la base tout l'échafaudage protecteur. Elles devraient faire réfléchir les plus acharnés protectionnistes et rallier à une autre cause, les sympathies, non-seulement de la nation anglaise, mais celles de toutes les nations civilisées du monde.

Néanmoins le système inauguré par Robert Peel rencontre encore au sein des parlements anglais, une opposition assez formidable conduite par des orateurs distingués, tels que lord Stanley et M. Disraeli.

Cette opposition a elle-même son côté utile, elle forme un contrepoids régulateur qui, sans arrêter le mouvement ascendant du système de liberté commerciale, en retarde la marche, et fait éviter les crises que provoquerait incontestablement un revirement trop précipité.

Cependant, quels sont les arguments posés par les adversaires de la liberté pour combattre les principes de M. Cobden et de ses amis, principes qui, en captivant la conviction de sir Robert Peel, ont provoqué l'abrogation de la loi sur les céréales? — Ce retrait, selon les membres de l'opposition, a amené la ruine de l'agriculture. Ils invoquent à l'appui de leur opinion la gène des tenanciers réduits, par le bas prix des céréales, à l'impossibilité de payer leurs baux et de satisfaire à leurs engagements. En effet, cette gène est réelle, mais elle était inévitable. Sir Robert Peel et lord John Russel l'ont incontestablement prévue, et c'est parce qu'ils craignaient cette gène qui devait nécessairement peser, non-seulement sur les fermiers, mais encore sur plusieurs autres entrepreneurs d'industries que, partageant en ceci l'opinion de leurs adversaires, ils ont voulu l'application du libre échange par gradation; ils ont voulu atteindre le but d'une manière insensible. Mais cette fâcheuse position des tenanciers peut-elle être imputée à la dépréciation des produits agricoles? — Aucunement, puisque ces prix sont bien plus bas encore dans les ports d'expédition. La seule cause irréfutable qui puisse donc lui être assignée, c'est incontestablement la trop grande élévation des baux.

Il est vrai, une augmentation de droits à l'entrée prélevée sur les matières brutes ou les denrées alimentaires tourne au profit du fermier, jusqu'à l'expiration du bail, mais plus tard, elle n'a d'autre effet que celui d'augmenter le revenu et la valeur de la propriété.

Le dégrèvement agit, malheureusement, en sens inverse au point de vue des intérêts particuliers du fermier : la réduction des droits à l'entrée fait baisser les prix des créations agricoles, mais elle ne modifie en rien, les engagements des tenanciers envers les propriétaires. Il s'en suit que ces premiers supportent, seuls, jusqu'à l'expiration du bail, tous les désavantages du dégrèvement. Il résulte de ceci, que l'opposition compte parmi ses adhérents, bon nombre de fermiers qui, quoique évidemment intéressés à la pratique du libre échange, seraient cependant fortement lésés, si le retour vers une administration plus équitable avait lieu brusquement, sans période de transition.

Delà, ces pétitionnements et ces manifestations de la part des populations rurales en faveur du système protecteur. Mais bien que ces démarches incessantes soient légitimes et très-excusables, les arguments que les pétitionnaires cherchent à faire valoir ne détruisent en rien la vérité.

Remarquons encore, que si la protection augmente la valeur et le revenu de la propriété dans les pays administrés par le système exclusif, elle en amoindrit nécessairement la valeur dans d'autres états; parce que, au point de vue de ceux-ci, elle met un frein à la concurrence parmi les acheteurs.

L'adoption par degrés de la liberté de l'échange,

tout en réduisant par ici, et en augmentant par là, d'une manière insensible la valeur des agents naturels susceptibles d'être possédés, constituerait un véritable acte de justice. Elle redresserait une erreur favorable à certains propriétaires, mais nuisible à d'autres, et très-préjudiciable aux intérêts généraux. Elle imprimerait en fin de compte, un développement considérable au commerce et aux industries positives en général.

En résulterait-il un désavantage sous le rapport des quantités à produire? — Aucunement. Le sol n'en serait pas moins cultivé, les mines exploitables n'en seraient pas moins exploitées. Et quant au fermier, les baux élevés rendent sa position plus précaire et plus dangereuse : avec le système protecteur, une mauvaise récolte lui est doublement préjudiciable. En effet, les calamités de cette espèce imposent aux gouvernements des mesures exceptionnelles; on ne peut exposer un pays à la famine, et lorsque le fermier pourrait trouver, dans l'élévation de la valeur de ses produits, une compensation de la perte que lui donne une récolte peu abondante, la prohibition à la sortie et l'admission de la denrée étrangère viennent réduire les prix, et lui font supporter la plus large part des pertes occasionnées par les circonstances de force majeure.

En ce qui concerne l'ouvrier aux champs, quoique son travail soit éminemment utile, le peu de savoir qu'exige l'accomplissement de ce genre d'occupation ne donne lieu à aucun apprentissage bien difficile.

Il s'en suit que le salaire de ce genre de travailleurs est toujours minime, et quand même la liberté de l'échange réduirait encore son salaire, ce régime lui serait encore favorable; car il en est de lui comme de tout autre ouvrier: l'élévation du salaire en monnaie ne lui est pas toujours avantageuse, il serait préférable qu'il ne gagnât qu'un franc par jour si cette rémunération, quoique minime, pouvait lui procurer le nécessaire et quelque peu l'utile, plutôt que de trouver à gagner un salaire cinq fois plus fort, quand par suite du haut prix des denrées, cette somme est insuffisante pour l'alimenter d'une manière régulière et convenable (*).

Tout ce que nous venons de dire en faveur de la liberté de l'échange, sous le rapport de l'agriculture, est encore vrai au point de vue de l'industrie minéralogique.

On objectera que, sans protection, bien des mines n'auraient jamais été exploitées. Nous en convenons. Cependant, nous ferons remarquer que ces établissements minéralogiques qui, sans protection, ne rendraient pas même les capitaux qu'ils absorbent, n'ont aucune valeur comme mines, bien que ces propriétés pourraient en avoir une véritable, comme exploitations agricoles.

La protection appliquée à ces établissements qui, par eux-mêmes, ne produisent rien, peut, en effet, faire profiter *un* au propriétaire, mais elle impose un

(*) Première partie, chapitre X, page 142.

sacrifice de *deux* aux masses ; elle n'a d'autre effet que celui d'imprimer à l'exploitation de la propriété, une direction contraire à la richesse nationale et aux intérêts des consommateurs.

Rendons ceci plus concluant par un exemple.

Supposons que vous soyez possesseur d'un fonds de terre qui cache dans son sein des couches de houille. La nature de votre champ vous laisse ainsi le choix de vous faire cultivateur ou charbonnier. Si aucune influence étrangère ne s'y oppose, l'intérêt dictera nécessairement le mode d'exploitation qu'il convient que vous adoptiez.

Votre champ mis en blé peut produire, année commune, 100 hectolitres de froment qui, comptés à 16 francs, vous donneront un produit brut de 1,600 fr., et vos frais d'exploitation s'élévant à 600 francs, votre propriété, mise en culture, vous procurera en moyenne, un profit de 1,000 francs par année.

Exploitée comme établissement houiller, vous extrairez de votre terre annuellement 1,000 hectolitres de charbon qui, comptés à 2 francs, donneront un produit brut de 2,000 francs. Mais vos frais d'exploitation absorbant la même somme, il est clair que votre propriété, considérée comme établissement minéralogique, n'a aucune valeur.

Évidemment votre résolution sera bientôt prise : vous vous ferez cultivateur ; vous labourerez la terre, et vous laisserez à d'autres, le soin d'en fouiller les entrailles.

Cependant vos hommes d'état trouvent qu'il est

honteux pour une nation de ne pas produire de la houille, ils veulent que vous en extrayiez, et, à cette fin, ils écartent la concurrence étrangère, soit en prohibant ou en imposant le produit étranger, soit en vous accordant une prime.

Dès ce moment tout change : au lieu 2 francs par hectolitre de charbon, vous en obtiendrez quatre. Votre produit brut s'élèvera ainsi à 4000 francs, et, les frais d'exploitation étant les mêmes, votre propriété transformée en houillère vous donnera un revenu de 2000 francs.

Votre intérêt vous commande nécessairement de changer de résolution : vous n'avez plus le même avantage à cultiver, vous quitterez le métier de laboureur et vous vous ferez charbonnier puisque ce dernier métier vous donnera un revenu double.

Mais recherchons d'où viennent ces 2000 francs, et demandons-nous, si cette somme est le résultat d'une véritable création? — Aucunement : ces 2000 francs sont pris de la poche du consommateur, ils représentent une partie des labeurs de vos concitoyens qui, après s'être chauffés au feu de votre charbon, n'en auront pas plus chaud que s'ils avaient employé à cet usage, la houille étrangère.

N'en serait-il résulté aucun avantage pour eux? Pas le moindre : ils auront payé par un sacrifice de 2000 francs, la satisfaction de s'être dégourdi les membres à la flamme d'un combustible national. Cela peut être très-patriotique, mais cela n'est guère avantageux.

En envisageant la question sous le point de vue de la richesse nationale, nous remarquons, qu'avec la liberté de l'échange, la mise en culture de votre propriété aurait augmenté cette richesse de 1000 francs par année. Au contraire, la protection, en détournant votre fonds de terre de sa destination naturelle, aura diminué cette richesse de 2000 francs dans le même laps de temps.

Au point de vue de la répartition de la richesse, la faveur aura fait gagner *un* de plus au propriétaire, mais elle aura fait perdre *deux* aux masses. Ceci est incontestable, et toute la logique des protectionnistes ne saurait détruire cette vérité.

On dira peut-être que l'exploitation houillère aura occupé plus de bras que l'exploitation agricole. Cela peut être vrai : à la faveur de la liberté de l'échange, il serait possible qu'il y eut dans quelques pays beaucoup moins de mineurs, mais il y aurait incomparablement plus de cultivateurs, plus de commerçants, plus de bateliers, plus de matelots, plus de voituriers et plus de porte-faix.

On objectera encore que, sans protection, bien des mines aujourd'hui en voie d'exploitation seraient abandonnées. Nous n'oserions pas affirmer le contraire; cependant la législation douanière a embrouillé les choses au point qu'il devient impossible de déterminer au juste, le degré de fondement de cette objection; car quoique certaines industries semblent échapper à l'impôt, elles en paient souvent de bien lourds d'une manière indirecte. L'industrie minéralogique a ses ustensiles qu'elle paie plus cher qu'elle ne devrait les payer. La seule réduction de la valeur des denrées alimentaires lui rendrait l'exploitation beaucoup moins dispendieuse.

Que l'on ne s'imagine pas cependant que nous soyons ennemi de la propriété. Dans notre conviction rien n'est plus sacré que le droit de posséder et de jouir en toute liberté du champ que l'on a fertilisé, de la terre que l'on a loyalement acquise. Personne plus que nous n'est imbu de ces principes; loin de nous l'idée de les combattre, nous voudrions, au contraire, que le respect dû aux travaux humains embrassât toutes les créations. Mais nous trouvons révoltantes les mesures qui augmentent le revenu du propriétaire, quel qu'il soit, au détriment des travailleurs, tout comme nous trouvons exécrables les spoliations en général, tout comme nous trouvons injustes les mesures qui tendent à amoindrir la valeur réelle de la propriété : telles que les impositions à la sortie, surtout en temps ordinaire, des denrées de consommation, des matières premières, des fers, des houilles et des produits de la terre en général. Car, si les droits à l'entrée augmentent la valeur réelle des propriétés, les droits à la sortie la diminuent; ces impositions constituent l'une comme l'autre une injustice.

Il nous reste à considérer les effets de la liberté de l'échange dans ses rapports avec l'intérêt particulier de l'industrie manufacturière et du commerce de transport.

L'application du système exclusif à l'agriculture amène la nécessité d'étendre la protection à l'industrie manufacturière. Il serait incontestablement peu rationnel d'imposer le lin brut et de laisser entrer en franchise de droits, les étoffes fabriquées avec cette filasse ; une pareille disposition neutraliserait complètement la mesure protectrice en faveur de la propriété rurale. Tant que le prix du lin indigène serait plus élevé que celui du lin étranger, la libre admission des fabricats faits avec des matières premières moins coûteuses, serait un véritable obstacle de nature à écarter toute idée de fabrication nationale ; car nul n'est tenté d'entreprendre une lutte à armes inégales, et personne ne songerait à travailler la matière indigène.

A quoi servirait-il encore d'imposer la houille et le fer, si l'on admettait librement les machines, les mécaniques, les fils, les cotonnades et les tissus en général ? — Absolument à rien ; car la houille, le fil, les mécaniques même, peuvent être considérés, tout aussi bien que le lin et le coton, comme des matières premières propres à faire les tissus. Concluons-en, que les droits protecteurs en faveur des substances agricoles, des matières brutes n'auraient aucun but sérieux s'ils n'étaient pas appliqués, dans la même proportion, à ces matières fabriquées, à ces mêmes substances consommées mais reproduites sous d'autres formes.

En effet, comme la fabrication indigène serait impossible, ainsi que nous venons de le faire observer, la demande des produits bruts cesserait, jusqu'au moment où les prix en seraient tombés au niveau de ceux des matières premières étrangères. Alors il deviendrait possible à l'industrie manufacturière nationale de secouer cette espèce d'apathie forcée.

On comprend donc que cette partie intégrante de l'agriculture qui profite à elle seule de la protection en faveur des produits agricoles, est plus intéressée à l'extension de la protection à l'industrie manufacturière, que celle-ci même; car bien que cette dernière serait arrêtée à défaut de droits protecteurs, elle pourrait, au bout d'un certain temps, reprendre ses travaux, lorsque le manque de demandes aurait provoqué la baisse des produits agricoles.

Ceci posé, recherchons à quel point l'industrie manufacturière profite des droits protecteurs.

La protection appliquée à l'industrie manufacturière, et proportionnée à celle dont jouissent les produits bruts, rend cette industrie praticable, en tant qu'elle soit aussi avancée que celle qui se pratique à l'étranger, parce que cette protection donne au manufacturier le pouvoir de se faire rembourser par le consommateur, la majoration de la valeur réelle de ses matières premières; majoration qui résulte de la protection agricole, et dont le fabricant a dû faire les avances.

Lorsque la protection dont jouit l'industrie manufacturière est plus élevée que celle qui est établie en faveur des produits bruts, le profit des manufacturiers et le salaire de leurs ouvriers peuvent s'en ressentir, pendant quelque temps, d'une manière qui leur soit avantageuse, mais les gros bénéfices fixent l'attention des spéculateurs et les salaires élevés attirent les ouvriers, et l'industrie manufacturière n'ayant d'autres limites que celles qui sont posées par les capitaux, de nouveaux établissements s'érigent, la concurrence les agite, les profits des manufacturiers se réduisent, et les salaires des ouvriers baissent. Au contraire, les produits agricoles, plus demandés, renchérissent; car la généralité de ces produits est limitée par le pouvoir et l'étendue du sol. Il s'en suit que la quantité globale n'en est pas augmentée.

Ainsi, au point de vue de l'industrie manufacturière : plus de fabricants que par le passé, plus de demandes de matière première et par conséquent renchérissement de celle-ci, ou augmentation du prix des denrées alimentaires. D'un autre côté : plus d'offres de fabricats, et tout au plus, même nombre de consommateurs, ou réduction des profits du fabricant et du salaire de l'ouvrier.

Au point de vue de l'agriculture : plus de demandes de produits bruts, point d'augmentation dans la quantité globale des produits de la terre ou renchérissement, soit des matières premières proprement dites, soit des denrées alimentaires, ou augmentation de bien-être en faveur de la propriété, au détriment des masses.

Ainsi, quoique la grande protection puisse amener un avantage passager en faveur des manufacturiers et des ouvriers de fabrique, elle ne tarde pas à devenir pour eux un sujet de crise, elle cache un gouffre sous un sol parsemé de fleurs, elle tourne en définitif au seul avantage de la propriété.

Qu'on le remarque bien : il ne résulte de la protection aucun avantage *durable* en faveur de l'industrie manufacturière; car il n'est point de manipulation permise qui soit capable de donner, des profits extraordinaires continus.

Les grands bénéfices multiplient les usines et la concurrence intérieure a bientôt réduit la valeur du travail de manière à rendre toute baisse ultérieure impossible, sans qu'elle ne provoque la ruine des exploitants et la misère des ouvriers.

Néanmoins le prix du produit indigène, réduit ainsi à la plus simple expression, est souvent encore plus élevé que celui du produit similaire étranger, le consommateur est astreint à payer *trois* ce qu'il pourrait obtenir autrement pour *deux*, et les capitaux du manufacturier sont fourvoyés.

Il n'est donc nullement de l'intérêt du manufacturier de se faire l'apôtre du système exclusif. C'est bien moins le produit étranger qui le gène, que la surcharge dont sont grévés ses propres travaux.

Au reste, la production indigène ne jouit-elle pas d'une protection naturelle? N'a-t-elle pas sur le produit similaire exotique, l'avantage d'échapper, quant à la consommation locale, à tous les frais de déplacement qu'exige le produit étranger.

Il en est de même du commerce de transport. La protection en faveur des produits agricoles et manufacturiers qui, par rapport à l'industrie nautique, sont des matières premières, élève d'une manière considérable, non-seulement le coût des navires, constituant le capital productif fixe de l'armateur, mais encore les prix des denrées alimentaires, des provisions de bord, et la valeur de cette foule de choses composant l'armement et l'avitaillement convenable d'un batiment de transport. Puis les gages plus élevés des gens de mer rendent les armements sous certains pavillons, plus coûteux que sous d'autres.

Si la protection en faveur de l'agriculture et de l'industrie manufacturière, ne s'étendait pas également au commerce de transport, elle rendrait impraticable la navigation sous pavillon national, et les populations des côtes se verraient ainsi privées d'une de leurs principales ressources naturelles.

J.-B[te] Say trouve surtout inopportune la protection en faveur du commerce de transport. Cette industrie intéresse cependant au plus haut degré les autres ramifications industrielles; car elle consomme à la fois beaucoup de produits, et elle en écoule des masses; et l'expérience a prouvé que la plupart des exportations se font sous pavillon national, et que celles-ci augmentent toujours en raison de l'extension de la marine nationale.

Voici ce que dit, au sujet de la protection accordée au pavillon national, le célèbre économiste que nous venons de citer :

« Des Gouvernements ont interdit aux armateurs étrangers le commerce de transport chez eux. Si les nationaux pouvaient faire ce transport à meilleur compte que les étrangers, il était superflu d'en exclure ces derniers; si les étrangers pouvaient le faire à moins de frais, on se privait volontairement du profit qu'il y avait à les employer.

Rendons cela plus sensible par un exemple.

Le transport des chanvres de Riga au Hâvre revient, dit-on, à un navigateur hollandais, à 35 francs par tonneau. Nul autre ne pourrait les transporter si économiquement, je suppose, que le Hollandais puisse le faire. Il propose au gouvernement français qui est consommateur du chanvre de Russie, de se charger de ce transport pour 40 francs par tonneau. Il se réserve, comme on voit, un bénéfice de 5 francs. Je suppose encore que le gouvernement français, voulant favoriser les armateurs de sa nation, préfère d'employer des navires français auxquels le même transport reviendra à 50 francs, et qui, pour se menager ce même bénéfice, le feront payer 55 fr. Qu'en résultera-t-il? Le gouvernement aura fait un excédant de dépense de 15 francs par tonneau, pour en faire gagner 5 à ses compatriotes; et comme ce sont des compatriotes également qui paient les contributions sur lesquelles se prennent les dépenses publiques, cette opération aura coûté 15 francs à des Français, pour faire gagner 5 francs à d'autres Français. »

Ce raisonnement est parfaitement juste, et l'exemple est frappant. Certes, nous qualifierions de parfaitement inutile et inopportune une faveur particulière dont jouirait, à elle seule, l'industrie nautique, mais à nos yeux une administration paternelle ne peut avoir deux poids et deux mesures. Quoique nous soyons grand partisan de la liberté commerciale et l'adversaire du système exclusif, il est quelque chose qui nous répugne plus encore que la restriction : c'est ce système bâtard qui n'a aucune ligne de conduite positive et nettement tracée ; qui est libéral ici, et protectionniste ailleurs.

Et pourquoi la marine française ne saurait-elle pas entrer en lice avec celles de plusieurs autres nations? La France n'a-t-elle pas aussi ses hommes nés avec l'instinct des voyages? N'a-t-elle pas aussi sa population des côtes qui voit journellement se briser à ses pieds, les vagues de l'Océan? N'a-t-elle pas ses matelots et ses pêcheurs qui, aussi bien que d'autres, osent braver la tempête et regarder la mort en face? — Oui, elle possède tout cela. Quels sont donc les motifs qui lui rendent la concurrence si redoutable? Le vent n'emplit-il pas indistinctement toutes les voiles? La vapeur ne fait-elle pas tourner toutes les roues? — Personne n'en doute. A quoi faut-il donc attribuer cette infériorité de la marine marchande française? Evidemment au système protecteur imposé à son gouvernement par une majorité aussi compacte que routinière qui traite en utopistes les Rossi, les Michel Chevalier, les Blanqui et tant d'autres économistes distingués dont les écrits ne sont ni étudiés ni appréciés par les masses.

La navigation française est fortement imposée d'une manière indirecte, voilà où gît le mal. La protection douanière dont jouissent en France l'agriculture et l'industrie manufacturière, fait que les constructions navales, l'armement et l'avitaillement des navires y coûtent plus cher que dans beaucoup d'autres pays. Ce motif seul rend les transports sous pavillon français plus coûteux que sous plusieurs autres pavillons.

Ce que nous disons concernant le commerce de transport, est applicable aussi à notre propre industrie nautique.

Bien que le système exclusif compte infiniment moins de partisans en Belgique qu'en France, bien que l'opinion y soit plus en faveur de la liberté commerciale, il n'en est pas moins vrai, que chez nous, l'industrie des mers est, comparativement parlant, beaucoup moins protégée que l'agriculture et l'industrie manufacturière. Personne n'en doute : elle paie plus cher qu'elle ne le devrait, ses navires, ses armements et ses avitaillements.

Cependant la justice exige une égale sollicitude pour tous. Or, en fait de système protecteur, il n'y a guère que le système exclusif dans toute la force du terme, qui soit capable de protéger à l'égal et indistinctement toutes les industries nationales.

Mais administrer un pays au moyen de ce système, c'est, au point de vue des administrés, réduire le monde aux petites dimensions d'un état, d'une ville même ; c'est, il est vrai, réserver à la nation toute la consommation et toute la production, mais c'est aussi l'assujettir à un travail immense en retour d'une production minime ; c'est en un mot méconnaître les intentions du créateur qui, en donnant à notre planète une grande superficie, a voulu que notre travail nous procurât des jouissances nombreuses et variées.

Ainsi l'application du système exclusif est incompatible avec le bonheur du monde, il n'y a donc de justice praticable que celle qui assure le plus grand bien-être possible, que celle qui, en respectant les droits de chacun, ne favorise pas Pierre au détriment de Paul. Or, la liberté commerciale seule remplit ces conditions.

A la faveur de cette liberté, toutes les nations maritimes prendraient part au commerce de transport, et, très-probablement, le degré d'activité de chacune d'elles, serait en raison de l'étendue de ses côtes et du nombre de ses ports.

Cependant, ces idées n'ont pas généralement la sympathie des armateurs, la plupart d'entr'eux se sont fait les défenseurs obstinés du système protecteur. Quoique leurs doléances soient bien souvent fondées, il n'en est pas moins vrai que le véritable remède au malaise de la navigation sous certains pavillons, ne gît point dans une augmentation de protection ; les propriétaires de navires serviraient mieux leurs intérêts, non en réclamant une plus large part de faveurs, mais en démontrant logiquement, l'inopportunité des faveurs sans nombre accordées à d'autres.

En effet, l'industrie des mers n'a-t-elle pas tout à gagner à la liberté commerciale? Cette liberté ne mettrait-t-elle pas sur la même ligne, toutes les nations maritimes et ne permettrait-elle pas à ceux qui, sans protection suffisante, succomberaient aujourd'hui dans la lutte, d'obtenir une part proportionnelle dans le mouvement immense que provoquerait la suppression de cette foule d'obstacles qui arrêtent encore l'échange entre les peuples.

Nous l'avons fait observer au chapitre précédent : la liberté de l'échange donne le pouvoir de faire beaucoup en peu de temps, et permet à l'homme d'obtenir la plus grande somme de bonheur équitablement possible en échange de son propre travail, de celui de sa propriété ou de son capital. Elle donne lieu, ainsi que l'avons fait remarquer dans le présent chapitre, à la répartition juste des valeurs créées, selon les services rendus, tant par les travailleurs en vertu du sacrifice de leur temps et de leurs peines, que par les propriétaires et les capitalistes en vertu de la cession des pouvoirs créateurs de leurs propriétés et de leurs capitaux. Au contraire, le système exclusif empêche non-seulement l'organisation naturelle du travail, en imprimant aux travaux des hommes, aux propriétés et aux capitaux une direction vicieuse, mais elle empêche complètement la répartition équitable de la valeur des créations, à l'avantage peut-être de quelques-uns, mais, à coup-sûr, au détriment des masses.

Les réflexions qui précèdent ont un caractère général : elles sont vraies pour toutes les nations. Ainsi, toutes ont intérêt à s'adonner de préférence aux créations qui, au point de vue de chacune d'elles, exigent le moins de travaux. Toutes ont plus d'avantage à se procurer, plutôt par l'échange que par la création directe, certaines choses que d'autres produisent avec une moindre consommation de travaux et de capitaux.

Le bien-être de chaque nation exige encore que la répartition des valeurs créées ait lieu chez elle d'une façon régulière et équitable; et chaque peuple, en son particulier, est intéressé à la prospérité des autres (*). Or, toutes les nations en général doivent rechercher la liberté de l'échange, seule en état d'asseoir la société sur des bases inébranlables, seule capable de procurer à chaque individu en particulier, la plus grande somme de bonheur à laquelle il soit raisonnablement permis d'aspirer.

Néanmoins, des idées contraires à celles que nous venons d'émettre ont généralement prévalu ; le système exclusif a été presque partout le principe fondamental de la politique industrielle, il a imprimé à l'industrie une direction vicieuse, et ce qui est plus grave encore, il a donné lieu à une répartition injuste des valeurs créées.

Ces vérités ne sont-elles pas palpables ? Et n'est-il pas temps d'abandonner ces vieilles routes dans lesquelles la société se traine si misérablement.

Cependant les changements trop brusques en matière de politique industrielle, offrent toujours de grands inconvénients. Si l'on supprimait d'un seul trait et sans ménagement, toutes les entraves posées à la libre circulation, bien des capitaux engagés dans une voie funeste, à la faveur du système exclusif, seraient réduits à l'état de non-valeurs, Beaucoup de travailleurs mêmes seraient aux abois ; car on ne

(*) Première partie, chapitre III.

change pas de métier comme de vêtement. Un revirement trop précipité provoquerait de violentes crises, une réaction trop brusque amènerait des catastrophes épouvantables, et ferait périr le libre échange dans de trop fortes douleurs; ce n'est point avec précipitation et par la force, mais avec du travail, du temps et de la patience que l'on remet en bon ordre, des écheveaux de fils fortement et irrégulièrement entrelacés.

C'est en abandonnant graduellement le système exclusif dont l'application obstinée a engendré tant de privations, que les gouvernements parviendraient à asseoir le monde sur des bases inébranlables, qu'ils annihileront cette agitation sourde née de la misère publique. Qu'ils se hâtent donc de faciliter l'échange tant à l'intérieur qu'à l'extérieur des états; qu'ils fassent disparaître insensiblement ces innombrables entraves qui, en paralysant l'élan productif des nations et en faisant échouer les efforts des hommes les plus courageux, ramollissent et énervent l'énergie des nations, et bientôt le monde cessera d'être une valée de larmes.

L'univers entier doit souhaiter le triomphe des principes que nous défendons. Les nations mêmes qui aujourd'hui jouissent d'un certain bien-être n'en seront que plus heureuses; car les peuples sont solidaires les uns des autres, et bien que les hommes oisifs soient les plus dénués, ceux qui sont actifs se ressentent de cette pauvreté. Il faut pour le bonheur de tous qu'une activité générale embrasse l'universalité de l'espèce humaine, et remarquons-le bien, l'oisiveté n'est qu'une position imposée par l'obstruction des voies communicatives; car le besoin fait triompher de la paresse même.

Que ceux qui gouvernent le monde s'entendent, qu'ils concluent entr'eux de bons traités. Que les parties contractantes abandonnent comme un bagage inutile, cet esprit de subtilité qui semble avoir été l'essence des anciens contrats internationaux, et que chacun chez soi cherche à protéger l'industrie, non par des faveurs qui, en faisant gagner *deux* aux uns, font perdre *quatre* aux autres, mais par la véritable protection : par celle qui amène la substitution de l'action naturelle à celle du travail du capital, par celle qui augmente le pouvoir productif du capital par l'activité de la circulation, tant à l'intérieur qu'à l'extérieur des Etats; par cette protection enfin qui ne nuit à personne et profite à tous.

Le système de la liberté commerciale est donc le seul compatible avec la justice distributive, le seul favorable à l'intérêt des masses, le seul capable d'augmenter indistinctement les richesses de toutes les nations, le seul en harmonie avec la volonté divine. Telle doit être la conviction des négociateurs internationaux, et c'est sur ces vérités que doivent s'appuyer les traités à intervenir entre les peuples.

CHAPITRE XVIII.

De la misère et des moyens de l'extirper.

Il est des maux si patents, que personne n'en conteste l'existence. Il est des fléaux si atroces, qu'ils touchent les cœurs les plus insensibles. Telle est cette hideuse misère. Il semble qu'elle soit faite pour inspirer la pitié, pour émouvoir les cœurs les plus égoïstes, et pour faire naître des sentiments de générosité chez l'avare même le plus sordide.

Est-il étonnant alors, que des hommes généreux aient employé leur temps et sacrifié leurs veilles à rechercher un remède à cette lèpre sociale?

En effet, une foule d'écrivains ont cherché avec un soin, une application toute particulière le moyen le plus propre de combattre ce fléau si terrible et si fécond en crimes. Mais, il faut l'avouer, tant de nobles efforts sont, pour ainsi dire, restés stériles, parce que ces hommes généreux ont eu le tort de n'interroger que leur propre cœur, au lieu de prendre et d'analyser la véritable nature humaine telle qu'elle existe dans les masses.

Presque tous ont été dominés par l'idéale convenance de la production directe, ils ont appuyé ainsi leurs recherches sur de faux points de départs.

Peu attachés pour eux-mêmes aux biens matériels de la vie, comme le sont la plupart des hommes qui étudient avec plaisir et qui cherchent avec passion, à augmenter le bonheur ou à adoucir le malheur de leurs semblables, ils ont commis une erreur profonde en se prenant comme prototypes de l'espèce humaine. Plus désireux d'attacher leurs noms à un progrès social que de posséder une grande fortune, et préférant, à toute satisfaction matérielle, le bonheur de l'âme : la jouissance intérieure et durable qui naît d'une bonne action et qui laisse bien loin derrière elle, tous les petits plaisirs, toutes les petites jouissances éphémères de la vie, ils n'ont pas vu que leur organisation était exceptionnelle, et que ce qui pouvait convenir peut-être à quelques-uns, était incompatible avec l'organisation et l'esprit des masses.

Ils ont cru que, chez l'homme, le sentiment du devoir et de la pitié devait dominer le sentimont de l'intérêt, et que par conséquent, il était juste que le travail fût réglé d'après les aptitudes et les forces, et les rétributions selon les besoins. Oh! si cela pouvait être, l'homme aurait changé de nature, il ne serait plus homme, il serait plutôt ange; et le monde, au lieu d'être une vallée de larmes, serait un paradis terrestre. Mais est-il un réformateur capable d'opérer ces merveilles? Est-il donné à une créature de changer une essence naturelle? — L'éducation, quelque étendue qu'on puisse raisonnablement la supposer, peut-elle changer complètement l'organisation des espèces? Rendra-t-on jamais les taureaux doux et craintifs?

fera-t-on que les agneaux soient agresseurs et carnassiers? — On parviendra à dompter un taureau, un tigre même, mais l'unité ne fait pas l'espèce.

Certes, nous ne mettrons point en parallèle la créature par excellence avec celle qui n'a pas de raison; l'éducation est capable de bien des choses, mais il est telles limites qu'elle ne saurait franchir.

Loin de nous l'idée de contester à ces écrivains leur grand mérite littéraire, de suspecter même leur bonne foi; mais nous osons l'affirmer, quoique écrits avec beaucoup de talent, leurs livres resteront stériles en véritables résultats, parce que l'application de ces nouvelles organisations sociales qu'ils proposent, est, tout au moins en partie, incompatible avec le naturel de l'homme.

La misère ne peut être le résultat que du gaspillage, ou de la production trop limitée par rapport aux véritables besoins, et plus probablement de la perturbation portée dans la répartition équitable des valeurs. Plus les créations seront nombreuses et variées, plus les richesses du monde seront importantes. Et plus ces richesses seront convenablement réparties, plus le bien être général sera grand. Une création abondante n'a pas, à elle seule, le pouvoir de répandre le bonheur parmi l'espèce humaine : elle amène, non le bien-être, mais l'opulence et la pauvreté; elle met le superflu en présence du dénuement. Elle donne lieu à une inégalité trop prononcée qui n'a point pour règle le véritable mérite, mais tout simplement l'effet du hasard. Elle place entre les hommes, des distances trop fortes et trop choquantes qui produisent le mécontentement, et plus tard l'effervescence qui, en poussant les esprits au délire, fait abandonner aux hommes les voies de la discussion paisible, pour les lancer dans celles des révolutions et des commotions politiques. Cette richesse là n'est point la véritable, parce qu'elle n'apporte pas le bonheur de tous. Donc, pour que la richesse soit réellement bonne, il faut qu'elle soit à la fois abondante et bien répartie.

Or, la liberté de l'échange mène à ce double résultat : elle donne le pouvoir de créer plus, elle permet la répartition juste et équitable de la valeur des travaux humains. Elle constitue ainsi l'extirpation de la misère par l'organisation naturelle du travail ; organisation capable de multiplier à l'infini les richesses du monde et de les distribuer entre les hommes et les choses, selon leur véritable mérite proclamé à la face de l'univers, par ce grand jury universel que nous nommons la concurrence. Ainsi, cette double condition que réclame le bien-être des peuples : l'abondance et la répartition équitable, résulte naturellement de la liberté d'échanger. Et remarquons que, sans cette liberté, l'application de ces principes économiques tels que la division des occupations et le travail des mécaniques, dont les effets sont si palpables, n'offre plus les mêmes avantages. C'est l'état encore comprimé de la liberté des transactions, qui tient en suspens l'opinion de bien des personnes quant à la division du travail et quant à l'emploi des moyens expéditifs de fabrication. A quoi bon, disent-elles, la division du travail, l'emploi des mécaniques ? C'est vrai, la division des occupations et les machines font faire plus et mieux, mais elles donnent lieu à une production démesurée, inutile même. D'un côté il y a profusion de produits, d'un autre côté il y a misère.

Ceux qui raisonnent de la sorte ont raison jusqu'à un certain point, mais ils ont tort quand ils disent : détruisons les mécaniques, ne subdivisons plus les travaux ; que chacun exerce un métier tout entier, les hommes seront plus indépendants, tout le monde travaillera. Ils eussent été dans le vrai s'ils avaient dit au contraire : *Subdivisons encore les métiers, multiplions autant que possible les mécaniques, mais passons-nous mutuellement nos produits ; c'est-à-dire échangeons.*

C'est le moment de pousser plus loin nos investigations au sujet des mécaniques et de la division des occupations.

L'échange ne peut avoir lieu sans qu'il y ait *offre* et *demande.* Mais bien que l'offre prenne souvent l'initiative, c'est cependant en fin de compte, l'importance de la demande ou de la consommation qui détermine l'importance de l'offre ou de la production.

Mais l'importance de la demande, résulte-t-elle uniquement du besoin ou du caprice qui porte les hommes à demander un produit quelconque, et à préférer celui-ci à celui-là ? Certes, les besoins et les goûts contribuent à déterminer les quantités demandées, mais il est quelque chose qui circonscrit la demande, quel que puisse être le désir, le besoin même que l'on éprouve. Pour qu'il y ait possibilité d'acquérir le travail d'autrui, il faut avoir de quoi l'acheter : c'est là une condition essentielle, indispensable. On aurait beau éprouver le désir, le besoin même de manger, que ce besoin ne déterminerait la demande de nourriture qu'autant que l'on aurait de quoi la payer ; le besoin et le désir provoquent l'achat, les moyens d'acquérir le rendent possible. La demande est donc réglée par le besoin ou le désir circonscrit par les moyens d'acquérir. De façon que si les éléments de production d'un produit quelconque exigeaient une forte rémunération, bien que le besoin ou le désir d'acquérir un produit pourrait être grand, la demande et la production seraient d'autant plus réduites que le produit serait cher. Le contraire arriverait si nous appliquions à notre raisonnement des suppositions dans le sens inverse.

Il résulte de ceci, que l'invention et l'application à l'industrie de moyens expéditifs de travail, une division plus grande des occupations, une circulation plus active des produits, et en général tous les progrès industriels (*), étendent le cercle de circonscription de la demande, en réduisant la valeur en échange du produit, et provoquent une augmentation dans les quantités à produire. Sous ce rapport, l'emploi des machines et des mécaniques et l'application de la division du travail sont incontestablement utiles à la société,

(*) Première partie, chapitre VI.

parce qu'il s'en suit qu'un plus grand nombre d'hommes peuvent satisfaire leurs besoins.

Examinons maintenant la question sous une autre de ses faces ; sous le rapport de l'emploi des bras.

Afin de mieux apprécier les faits, nous suivrons les progrès survenus dans la fabrication des cotonnades, parce que ces perfectionnements sont plus récents et plus palpables.

Supposons qu'il y eût autrefois en Belgique, 4,000 ouvriers régulièrement employés à la fabrication de cotonnades. Si nous nous demandons pourquoi il ne pouvait pas y en avoir 6000, l'économie politique nous répondra : que la demande de cotonnades, née du désir ou du besoin et de la possibilité d'acquérir, limitait à 200,000 personnes le nombre de celles qui pouvaient consommer certaines quantités de ces étoffes, et que le travail de 4,000 personnes suffisait à la demande ainsi circonscrite.

Mais survinrent les mécaniques propres à filer, à tisser le coton, à imprimer et à lustrer les calicos. Elles permirent insensiblement à 1,000 ouvriers de produire la même quantité de cotonnades que les 200,000 consommateurs avaient l'habitude de demander. Voilà donc 3,000 ouvriers sans ouvrage, diront ceux qui ont l'habitude de ne pas pénétrer jusqu'au fond des questions.

C'est là une erreur profonde : la réduction des prix a élargi le cercle qui, avant, circonscrivait la demande. Non-seulement les 200,000 consommateurs en demandèrent davantage, mais il se présenta insensiblement 4,000,000 de nouveaux demandeurs, et bien qu'un seul homme ait pu faire, depuis, l'ouvrage de quatre ouvriers, il n'en est pas moins vrai, que la demande étant augmentée dans la proportion de 1 à 20, la transformation du coton brut en cotonnades, au lieu de 4.000 ouvriers, en exige aujourd'hui peut-être 20,000. Viennent ensuite les conséquences des progrès : il a fallu assembler vingt fois plus de coton brut que par le passé, et transporter vingt fois autant de marchandise fabriquée. Il a fallu confectionner et entretenir les machines et les mécaniques.

On objectera que dans notre raisonnement nous admettons une baisse de prix. Nous ferons remarquer que cette dépréciation est naturelle : d'abord, par suite de la concurrence, ensuite parce qu'il est de l'essence des machines de faire beaucoup en peu de temps; c'est là le grand avantage qu'elles donnent. La réduction du prix des produits est donc inévitable, parce que les exploitants recherchent leur bénéfice et que chacun d'eux préfère la conclusion de 1,000 ventes à 5 p. c. de bénéfice, à 40 ventes de la même importance, dussent celles-ci leur donner un bénéfice de 100 pour cent (*).

Cependant, comme nous venons de le faire observer, il faut posséder pour jouir du pouvoir d'acquérir. Mais lorsque la répartition de la valeur se trouve embarrassée et se fait d'une manière irrégulière et inique, les bienfaits de la division du travail, le pou-

(*) Première partie, chapitre VII, page 70.

voir des machines et des mécaniques n'ont plus la même valeur. Ils donnent lieu, il est vrai, à une réduction dans les prix des produits, mais il en résulte un certain mal pour la classe ouvrière. Les mécaniques travaillant en lieu et place des hommes, il faut beaucoup moins de bras; bien entendu, lorsque des causes quelconques empêchent que la faculté d'acquérir ne prenne un développement proportionnel. Or, lorsque la répartition de la richesse est mal faite, qu'elle n'étend pas convenablement les moyens d'acheter, quel bien peut-il résulter des progrès industriels? Ils provoquent les crises et engendrent la misère. Et si nous avons pu reconnaître les bienfaits de l'emploi des mécaniques et de la division du travail, en mettant en parallèle et en comparant la position des hommes à diverses époques, l'amélioration constatée n'a pu avoir lieu, que parce que la faculté d'échanger n'a pas été assez complètement enchaînée, pour que le mal résultant de la perturbation apportée dans la répartition de la richesse, ait entièrement neutralisé les effets salutaires des progrès industriels. Cependant, cette différence entre les diverses phases de la vie des nations eut été bien plus sensible, si, à la faveur d'une liberté de transaction plus large et par conséquent, d'une répartition plus équitable de la richesse, le cercle qui circonscrit la demande avait pu s'étendre d'une manière convenable.

Un écrivain de grand mérite, M. Eugène Buret, a publié les fruits de ses recherches sur les causes de la misère des classes laborieuses en Angleterre et en

France (*). Son livre, écrit avec un remarquable talent, a eu l'honneur d'être couronné par l'Académie des sciences morales de Paris.

L'auteur aussi, trouve une contradiction flagrante entre la théorie expliquée de la division du travail, celle de l'emploi des mécaniques, et les faits, qui ne semblent pas entièrement corroborer les assertions des économistes. Voici ce qu'il dit au sujet de la division des occupations :

« Quelle est la condition première la plus indispensable à la production industrielle? — L'économie politique répond que c'est la division du travail, et elle est ici parfaitement d'accord avec les faits. C'est par la division du travail que l'on obtient la production la plus abondante, la moins coûteuse, et la plus grande perfection dans les produits. Plus le travail est divisé, plus il est parfait. La division du travail est donc en soi un bien et un progrès. Toute opinion contraire serait assurément une sottise ou une hérésie. »

« Désolante contradiction! ce principe, si favorable à la production, si fécond en bon résultats, devient dans l'application une cause directe de misère et d'abrutissement pour le travailleur. La division du travail, telle que nous la voyons opérée dans la grande industrie, a pour conséquence immédiate de réduire l'action de l'ouvrier à celle d'une machine, et de dé-

(*) De la misère des classes laborieuses en Angleterre et en France, de la nature de la misère, de son existence, de ses causes, etc., publié à Paris en 1840.

précier, de matérialiser le travail. Dans un atelier où les fonctions sont très-divisées, l'ouvrier ne vaut guère que par la force physique qu'il produit, ou tout au plus par l'adresse de l'habitude, qui consiste, comme nous l'avons dit déjà, à faire le plus de mouvements possible dans un temps donné. A mesure que le travail devient plus mécanique, qu'il exige moins d'apprentissage, moins d'intelligence, il est à la fois moins rétribué et plus précaire. C'est alors que commence entre les travailleurs cette désastreuse concurrence dont nous avons exposé les effets, pour des fonctions que tous peuvent exécuter également ; c'est alors que les êtres faibles, les travailleurs imparfaits, comme les enfants et les femmes, remplissent à moindres frais les fonctions de l'industrie. »

Après une série d'observations qui tendent à prouver que l'extrême division du travail énerve l'intelligence humaine et voue l'ouvrier à la misère, M. Buret conclut en ces termes :

« Ainsi, il est donc démontré qu'un véritable progrès économique, l'extrême division du travail, devient une cause de maux pour la population ouvrière. Partout où ce principe est appliqué, il produit infailliblement les effets que nous signalons : concurrence plus grande pour un travail plus facile, et par conséquent, réduction des salaires. Mais ce n'est pas là peut-être le moindre de ses maux. Il supprime tout exercice d'intelligence et convertit le travail en une opération purement mécanique, fastidieuse et abrutissante parce qu'elle est trop prolongée. Triste et désolante compensation des avantages qu'il produit! »

Passant aux effets des mécaniques considérées au point de vue de l'ouvrier, le même auteur dit plus loin :

« Il en est de même encore de l'invention et de l'application des machines, du travail accompli en grand par de vastes capitaux, dans de vastes ateliers qui engloutissent chacun des milliers de travailleurs. En elles-mêmes ces choses sont bonnes, nécessaires, et l'intelligence qui les a créées a droit de s'en applaudir comme d'un bienfait accordé au genre humain. Comment se fait-il donc que ce qui est un bienfait en soi agisse pour le moment comme la plus terrible calamité sur la condition de la classe laborieuse? »

L'auteur admet en principe le bien qui découle des machines, il reconnaît qu'elles abrègent infiniment le travail et qu'elles font économiser beaucoup sur les frais de la production. Il trouve aussi « que rien ne peut arrêter la naissance des œuvres de l'esprit, et aujourd'hui, dans notre société régénérée, aucune puissance n'a le droit, dit-il, d'en empêcher la manifestation publique. Une machine est comme un livre; fille de l'intelligence humaine, il faut qu'elle soit libre à la naissance, libre dans son application. En supposant qu'on voulût faire des lois contre l'emploi des machines nouvelles, ces lois seraient impossibles à exécuter. Il nous faut donc subir toutes les conséquences de l'application libre de l'intelligence aux procédés de la production industrielle ; si elle a pour la société, ou pour une classe de la société, des inconvénients graves, tout ce que nous pouvons faire c'est de chercher les moyens d'y remédier, mais nous devons perdre tout espoir d'en détruire la cause, car cette cause est légitime et bienfaisante, en principe, l'un des agents les plus actifs qui préparent à l'homme terrestre de meilleures destinées ! »

L'écrivain s'élève surtout à la hauteur de son style, lorsqu'il fait comprendre que les machines affranchissent l'humanité de ce labeur pénible que le maître exigeait autrefois de l'esclave.

« Il faut à l'homme, dit-il, des forces physiques pour produire, des agents qui résistent à la fatigue, qui accomplissent docilement les plus pénibles travaux : à l'homme enfin il faut des esclaves ! Eh bien, au lieu de demander aux bras de l'homme des forces productives, il les demandera à la matière ; au lieu de tourmenter des créatures humaines, il se fera servir par les agents naturels. »

En effet, peut-on imaginer quelque chose de plus pénible, de plus exténuant, de plus monotone, de plus capable d'annihiler les facultés intellectuelles de notre espèce, que ces travaux serviles que l'on accomplissait autrefois par la seule force des membres de l'homme ; que ces travaux dont l'exécution exigeait la dépense d'une puissance physique si énorme, que celle-ci semblait absorber toutes les facultés de l'esprit.

« Chaque vis et chaque rouage nouveau, dit encore

M. Buret, qui épargnent à l'homme un effort, un mouvement matériel sont donc un véritable bienfait; et ceux qui les inventent, quel que soit le résultat présent de leur découverte, ont bien mérité du genre humain. »

L'auteur reconnaît ainsi, d'accord avec les économistes les plus distingués, les immenses avantages des mécaniques. Il va plus loin : il professe un grand respect pour les inventeurs, gens communément si malheureux et si maltraités par la société. Cependant il déclare, et il n'a pas tout à fait tort, que ces inventions si extraordinaires, parfois merveilleuses même, ont, dans le présent, certains désavantages qui font frémir et qui, par moment, feraient souhaiter qu'elles ne fussent jamais sorties du néant.

Il y a identité complète, en quelques points, entre les idées exprimées dans l'intéressant ouvrage de M. Buret et celles que nous avons émises. Comme lui, nous avons signalé les avantages des machines et la folie qu'il y aurait à repousser les nouvelles combinaisons mécaniques; au contraire il faut les accueillir (*). Cependant, nous ne pensons pas que la division des occupations et le travail des mécaniques énervent l'intelligence, et rendent l'ouvrier plus esclave du maître. Il est bien des faits qui constatent le contraire : l'esprit de beaucoup d'ouvriers de fabrique s'est développé au point que plusieurs travailleurs ordinaires ont souvent apporté des perfectionnements aux machines. Et

(*) *Des Richesses créés par l'Industrie et les Arts,* chapitre XIV.

cela se conçoit : l'intelligence humaine, plus spécialement occupée d'un seul et même objet, doit souvent opérer des prodiges. Il est difficile du reste, que le plus simple apprenti soit constamment en présence d'un seul et même métier dont quelques parties se meuvent, sans qu'il ne recherche pas les causes de ces incessantes rotations. L'esprit humain a quelque chose qui pousse à l'exploration, il tend à approfondir ; il se plaît à chercher le pourquoi, et quand il l'a trouvé, il est porté à vouloir perfectionner. Ce sentiment est plus vivace, il est vrai, chez les uns que chez les autres, mais il existe chez tous, et les recherches exigent certains efforts d'esprit, et des raisonnements qui développent l'intelligence.

Nous sommes aussi d'accord avec le même auteur, en ce qui concerne les maux qui résultent souvent d'une production exubérante. Cependant, nous avons vu l'industrie de très-près, et nous trouvons que ces maux sont tout aussi affligeants pour le capital que pour le travail. Les crises commerciales sont de véritables tourments pour l'industriel ; elles l'affectent à la fois au physique et au moral, elles bouleversent la vie des plus courageux, elles harcellent l'industriel au point d'empêcher qu'il ne prenne ni nourriture ni repos.

Ah ! certes, il est bien malheureux l'ouvrier qui, l'estomac vide, entend les lamentations de sa femme et de ses enfants qui ont faim ! Mais tant de maux peuvent-ils être imputés à la cupidité de l'entrepreneur d'industrie qui, souvent livré, lui-même, aux plus déchirantes angoisses et agité par la plus poignante inquiétude, abandonnerait volontiers sa couche pour aller s'étendre, comme le plus misérable ouvrier, sur une botte de paille, s'il était sûr de pouvoir y trouver le sommeil et y reposer sa tête. Au moins l'ouvrier aux abois peut implorer la charité publique, triste et précaire ressource, il est vrai ! Mais que rencontrent les exploitants que les crises et les stagnations éprouvent ? — Des cœurs insensibles, de l'ingratitude, de la dûreté ou de l'indifférence !

Nous attribuons surtout la misère à la distribution vicieuse des richesses de la société, née à la faveur des restrictions. C'est encore l'avis de M. Buret, mais nos conclusions diffèrent des siennes.

« A ce mal, dit cet intelligent auteur, il n'y a d'autre remède que le rapprochement du capital et du travail, rapprochement qui ne peut s'opérer que de deux manières, ou en les associant ou en les confondant dans la même main, dans la même famille : le seul moyen de salut qui reste aux nations, c'est d'organiser le régime économique de façon que le travail ait la faculté de s'affranchir peu à peu de la dépendance absolue du capital, en conquérant une part, si minime qu'elle soit, de la propriété des instruments qu'il emploie; mais pour réaliser ces nouvelles conditions industrielles, il ne faudra pas moins que toute l'intelligence et toute la générosité dont l'homme civilisé est capable. »

M Buret avoue toutes les difficultés d'une pareille réforme. Pour la réaliser, *il ne faudrait pas moins que toute l'intelligence et toute la générosité dont l'homme civilisé est capable.* C'est en quelque sorte avouer que l'application du remède n'est pas possible. Elle le serait peut-être, si tous les hommes, à l'exemple de l'auteur, étaient désintéressés, compatissants et travailleurs.

Selon nous, la mauvaise répartition ne gît point, généralement parlant, entre l'entrepreneur d'industrie et l'ouvrier, elle règne dans un cercle plus étendu, elle existe dans la généralité des relations de la société actuelle. Certes, le rapprochement du capital et du travail peut donner d'excellents résultats; nous sommes loin d'en être l'adversaire (*), mais il ne faut pas que ce rapprochement soit imposé, obligatoire. Rien n'empêche les hommes de s'associer et de s'entendre quant au partage du produit; c'est ainsi que se pratique en Belgique, depuis un temps immémorial, la principale industrie des habitants des côtes : la pêche maritime, mais il serait arbitraire, tyrannique même, d'obliger à s'associer ou à travailler en commun, des hommes souvent de capacités, de mœurs et de goûts différents.

Il ne serait certes pas impossible de rencontrer quelques groupes d'hommes laborieux et intègres qui s'entendissent, et qui, d'accord sur le mérite individuel, voulussent se soumettre à la décision de leurs compagnons, et fussent satisfaits d'un partage proportionné aux services de chacun. Mais nous croyons impossible

(*) Première partie, chapitre IX, page 115.

l'application, à la généralité, de ces associations qui pourraient exister parmi des hommes doués d'une organisation particulière et presque exceptionnelle. Et quant à la répartition de la richesse en raison des besoins, ceci est impossible; car, s'il est vrai que la demande est bornée par le pouvoir d'acquérir, et qu'il faille pour acquérir posséder soi-même un travail fait, que serait-ce lorsque la demande n'aurait plus ces bornes? Chacun se créerait à son aise beaucoup de besoins; la demande irait à l'infini, mais l'offre au lieu de lui être soumise, se ralentirait aussitôt.

Il est vrai, l'association renferme en elle-même certains principes productifs très-avantageux, mais elle offre aussi de grands inconvénients en ce qui concerne la répartition de la valeur créée. Elle fait surtout surgir de nombreuses difficultés, lorsque les travaux en commun ne sont pas couronnés d'un plein succès.

Les hommes semblent peu disposés à s'entendre, pendant bien longtemps, lorsqu'il s'agit de produire. Il est dans l'organisation humaine quelque chose de déraisonnable. On est généralement bien indulgent pour soi, mais, très-sévère envers les autres; on se voit, a dit Lafontaine, d'un autre œil qu'on ne voit son prochain; et cela est tellement vrai, surtout en ce qui concerne l'association, que dans les contestations entre associés, le plus souvent toutes les parties ont tort.

Les hommes en général ont peu de sympathie pour l'association, et s'ils se rapprochent parfois dans le but de produire en commun, c'est plutôt par force que par amour. Certaines entreprises sont tellement colossales que l'exécution en devient impossible par les seules ressources particulières d'un petit nombre d'individus. L'association devient alors une nécessité : on se forme en société et on exploite. L'exploitation a-t-elle acquis, avant de commencer ses travaux, ces précieuses connaissances que l'expérience seule est capable de donner, les affaires marchent-elles à souhait? Oh! alors tout est bien : l'association est paisible comme l'eau d'un lac abrité par une chaine de montagnes. Mais la moindre petite contrariété vient-elle à troubler cette douce quiétude de ceux qui espèrent beaucoup gagner sans rien faire? Semblable à l'onde battue par le vent, l'association s'agite, elle ne raisonne plus; elle ne s'enquiert ni de la cause du mal, ni des moyens d'y porter remède, l'agitation la déchire et la tue. C'est ainsi que périssent souvent les entreprises d'industries nouvelles qui, ayant encore un certain apprentissage à faire, ne donnent pas toujours de prime abord des résultats satisfaisants. Et, bien que souvent elles soient susceptibles de donner dans la suite de grands avantages, elles périssent sous le poids de l'agitation née de l'ignorance, du défaut de jugement, de la bêtise même de quelques associés qui sont soutenus et encouragés par les dispositions peu bienveillantes que provoque le mécompte d'un premier échec.

La persévérance et le courage sont rarement l'apanage des associations industrielles; il semble que celles-ci manquent de ces vertus que l'on rencontre chez les hommes épars.

Il n'en est plus de même de l'association considérée au point de vue de la consommation humaine. Si les associations en vue de produire offrent des résultats toujours chanceux, celles pour la consommation amènent le plus souvent des avantages réels, par cela même, la pratique de ces dernières présente beaucoup moins de difficultés, et les gouvernements feront bien de les encourager.

Bien que les théories des auteurs désignés sous les dénominations de *communistes* et de *socialistes*, soient impraticables quant à la production, elles sont cependant fondées en ce qui concerne la consommation humaine.

Il en coûterait évidemment moins cher de construire un seul vaste édifice offrant toutes les conditions hygièniques désirables, et subdivisé en compartiments de différentes grandeurs capables de loger, séparement et à l'aise, cent familles, que de bâtir cent de ces petites maisons éparses où l'on étouffe en été, où l'on gèle en hiver, et qui servent de refuge aux classes ouvrières. Indépendamment de l'avantage du bon marché, qu'offrent les grands corps de bâtiments par rapport aux petites constructions isolées ou assemblées sans ordre régulier, ces premiers rendent très-faciles les distributions d'eau, de lumière et de chaleur. C'est à ces divers points de vue qu'il convient de favoriser la construction de cités-ouvrières.

Il en est de même de l'achat et de la préparation en

commun des aliments. Les avantages qui en naissent sont trop patents pour qu'il soit nécessaire de les énumérer. Il suffit, pour s'en convaincre, de jeter les yeux sur les ménages économiqnes des hospices, des pensionnats, des corporations religieuses. L'armée nous offre encore un exemple frappant de l'économie, et des avantages en général de l'association et de la vie en commun.

On objectera, et nous sommes d'accord en ce point, que les institutions du genre de celles que nous venons de citer, exigent ce grand ordre et cette soumission sans bornes qui, le plus souvent, fait défaut chez l'homme. Cet inconvénient est un obstacle sérieux à l'établissement des associations trop intimes, mais n'y a-t-il pas moyen d'éviter cet obstacle en marchant à côté; en faisant appel à la philantropie ou, à défaut de celle-ci, à l'industrie privée? Ne parviendrait-on pas à provoquer, surtout dans les grands centres de population, la création d'établissements alimentaires qui, soumis au contrôle d'une administration locale, se chargeraient, indistinctement tous les jours, de la préparation et de la vente, à prix réduit, d'une nourriture saine et variée, et qui, tout en se créant même un fonds de réserve, fourniraient aux familles pauvres, les moyens de pouvoir satisfaire, mieux et à moins de frais qu'aujourd'hui, un des besoins les plus impérieux de la vie.

La question dont il s'agit est des plus graves : elle est de nature à occuper l'esprit de tous les hommes sérieux. Si l'oisiveté est la mère de tous les vices, la misère est la cause de bien des crimes. Le plus souvent c'est elle qui ébranle la vertu de la fille du pauvre et qui convie le riche à la débauche; elle renferme en soi le germe de ces dérèglements presque publics qui font la honte de la société. C'est elle encore qui fait des voleurs, en mettant le pauvre dans la triste alternative de choisir entre le crime et la mort; plus d'une fois elle a armé le bras de l'assassin. C'est elle enfin, qui peuple en grande partie les prisons et les bagnes, qui dresse l'échafaud et fait tomber la tête de plus d'un de ces hommes que le dénuement a poussés au crime, mais qui, dans une position moins pénible, eussent été, peut-être, bons et honnêtes.

La liberté commerciale seule est capable de porter un remède efficace à tant de maux, de calmer tant de douleurs et de tarir tant de larmes; elle peut ce que la charité même n'est pas en état de faire.

CHAPITRE XIX.

Des différents genres de commerce. — Comment s'opèrent les liquidations commerciales. — Les produits se paient par des produits. — Les restrictions empêchent les liquidations de s'opérer au plus grand avantage commun des nations.

Avant de nous occuper des traités internationaux, il ne sera pas inutile de passer successivement en revue les différentes espèces de commerce, et de jeter un coup d'œil rapide sur le mécanisme qui fonctionne dans les divers genres de transactions.

Le commerce intérieur est celui qui s'offre le premier dans l'ordre régulier des relations commerciales : il consiste à acheter des marchandises dans le pays pour les y revendre.

L'idée absurde et généralement répandue parmi le vulgaire, quant à la nature de la véritable richesse, est la cause que beaucoup d'hommes considèrent le commerce intérieur d'un œil tout à fait indifférent. Lorsqu'on est imbu de ce préjugé, encore si profondément enraciné dans l'esprit des masses, qu'une augmentation de numéraire seule est capable d'accroître la prospérité nationale, il est clair, qu'on ne peut attacher de l'importance à des transactions qui, en se bornant à de simples achats, à de simples ventes entre les nationaux, donnent lieu, il est vrai, à des déplacements de numéraire à l'intérieur, mais qui n'amènent aucune variation dans la quantité de la monnaie.

Ces reproches de stérilité, si souvent adressés au commerce intérieur, pèchent par la base. Ce commerce contribue à augmenter la richesse nationale, comme toute autre ramification industrielle. Et sous la dénomination de commerce intérieur, nous comprenons toutes les nuances commerciales : le commerce en gros comme le commerce en détail, le roulage et le transport par bateaux aussi bien que le camionnage et le simple transport à domicile.

S'il s'agissait de constater la valeur totale de toutes les denrées qui existent en Belgique, chaque localité dresserait chez elle, l'état estimatif de ses marchandises portées à leur valeur réelle et généralement admise comme telle sur les lieux. C'est ainsi qu'à Ostende, le tonneau de houille serait prisé à une valeur supérieure que pareille quantité de ce combustible déposée au rivage de Mons ou de Charleroy. Et cela est parfaitement juste : celui qui a consacré son temps et ses capitaux à rapprocher du consommateur, la denrée, quoique produite dans le pays, a créé une valeur équivalente à celle de l'estimation de ses travaux. En effet, un bateau de charbon ne vaut-il pas plus à Ostende qu'à Mons, et le déplacement de la marchandise du lieu de production au lieu de consommation, n'a-t-il pas accru la richesse nationale de toute l'évaluation des travaux exécutés par ceux qui ont concouru à l'effectuer ?

Les transactions pouvant se faire librement à l'intérieur des pays, il en est résulté que, chez les nations, *considérées isolément*, le travail s'est organisé d'une manière régulière, suivant les pouvoirs plus spéciaux des diverses localités. Il est vrai de dire cependant, que les octrois des villes, quoiqu'institués dans le seul but de pourvoir aux frais de l'administration des communes, ont quelquefois un caractère protectionniste qui trouble cette organisation.

En ne tenant aucun compte de la petite perturbation que nous venons de signaler dans la création intérieure, nous dirons que chaque province, chaque ville, chaque village, chaque hameau, chaque subdivision territoriale; chaque pièce de terre même sont soumis à des exploitations en rapport avec les pouvoirs naturels des lieux. Chaque individu se livre aux travaux pour lesquels il se sent le plus d'aptitude et le plus de goût, et tous évitent d'appliquer leurs bras ou leurs capitaux à des créations qui pourraient donner un résultat négatif. Partout la terre est cultivée de manière à donner le plus grand rapport; partout on s'adonne à des occupations productives, on cherche à vendre ce qu'on possède au-delà des besoins et à se pourvoir, autant que possible, des choses dont on manque. Il s'opère ainsi des échanges continuels entre les différentes localités d'un même pays.

Ceci posé, l'on comprendra que les nations qui comptent une population nombreuse et qui occupent un grand espace, si elles peuvent librement échanger à l'intérieur, se ressentent moins des énormes désavantages de la restriction en matière d'échange avec l'étranger, que celles dont la population est, comparativement parlant, peu importante.

C'est ainsi que le Céleste Empire, qui a une superficie de plus 535 mille lieues carrées et sur laquelle sont éparpillés au moins 200 millions de chinois, doit se ressentir beaucoup moins de son système restrictif à l'égard des étrangers, que ne s'en ressentirait, n'importe quelle nation du monde, et notamment tous ces peuples très-civilisés mais petits, numériquement parlant, qui sont assis sur le sol de la vieille Europe.

Mais revenons aux transactions à l'intérieur et recherchons de quelle manière les échanges se liquident et se régularisent entre les diverses localités trafiquantes.

Il est d'usage que le vendeur fasse suivre son envoi de marchandises d'un compte appelé, en langage commercial, *une facture*. Celle-ci exprime, et les quantités, et l'évaluation en numéraire de la marchandise expédiée dont le montant est porté au débit de l'acheteur. Mais comme les échanges entre les localités sont continuels, surtout entre les grandes villes, et qu'il n'est pas rare que telle ville, tout en recevant de telle autre, pendant un temps donné, une quantité de marchandises évaluées à plusieurs milliers de francs, envoie à la seconde une partie de ses propres produits dont la valeur est à peu près égale; il s'en suit que toutes deux sont à la fois créancières et débitrices l'une de l'autre de sommes presque équivalentes, et qu'il leur serait également désavantageux, si elles le devaient, de liquider leurs comptes par des envois d'espèces.

Faisons une application de ce qui précède : supposons que des industriels de Gand soient créanciers de Bruxelles, d'un million, du chef de fournitures faites, et, qu'en même temps, cette première ville soit débitrice du même chef, d'une somme à peu près égale envers des industriels de Bruxelles. Il serait tout à fait inopportun et fort onéreux, si, pour liquider ses achats, Bruxelles allait envoyer à Gand un million en espèces, au moment où Gand serait obligé de faire parvenir à Bruxelles, aux mêmes fins, une somme à peu près parielle. L'intérêt a du naturellement porter les parties à recourir, dans la liquidation, à des moyens plus simples et moins coûteux.

Au lieu d'exiger que les acheteurs leur fassent des envois d'espèces, les vendeurs les invitent, par billets, à payer, à une date convenue, le montant des fournitures faites. Ces billets, transmissibles à d'autres et appelés *billets à ordre*, ont une valeur réelle, puisqu'ils donnent le droit à celui qui en est le possesseur d'en exiger le paiement à la date et au lieu stipulé.

Dans le langage commercial, on a coutume d'appliquer la dénomination de *tireur* à celui qui crée le billet à ordre, on désigne sous le nom de *tiré* celui qui doit en soigner le paiement, et on appelle *en dosseurs* les diverses personnes qui se sont successivement transmis les billets en question.

Celui qui est débiteur à Gand envers une personne de Bruxelles, et qui s'est engagé à payer à une époque déterminée, au lieu d'envoyer du numéraire, trouve plus avantageux d'acheter à Gand un billet à ordre sur Bruxelles et d'effectuer son paiement par un simple envoi par la poste. Nous en disons autant d'un débiteur de Bruxelles qui aurait à payer à Gand.

De même, il est plus avantageux pour le créancier gantois qui aurait à toucher une certaine somme à Bruxelles, de créer des billets à ordre à la charge de ses débiteurs; billets qu'il peut négocier à Gand même, que de se rendre à Bruxelles dans le but d'y opérer lui-même ses encaissements. Il en est encore ainsi du créancier Bruxellois par rapport à ses débiteurs de Gand.

Il est à remarquer qu'il y a deux manières de liquider au moyen d'effets de commerce : d'abord en faisant remise de billets à ordre à ses créanciers, ensuite en autorisant ceux-ci à émettre de ces billets. Tantôt c'est le premier mode qui est préféré, tantôt c'est le second. Il arrive encore que les liquidations, au lieu de se faire par billets à ordre, s'effectuent par *promesses* ou par *réglements;* dans ce cas, le débiteur remet à son créancier un titre également transmissible, par lequel il s'engage à payer le montant de sa dette à une date certaineet dans un lieu convenu.

Ces divers usages, généralement adoptés dans le commerce, ont donné lieu à l'établissement d'agents intermédiaires, connus sous le nom d'agents de change, dont les fonctions se bornent à négocier les billets des uns aux autres.

Ce qui précède fera comprendre que, bien que les effets de commerce régulièrement tirés, n'aient aucune valeur intrinsèque, ils n'en ont pas moins, comme nous l'avons dit, une valeur réelle, puisqu'ils portent avec eux un engagement de payer, à date fixe, une certaine somme au profit du possesseur. Cependant plusieurs causes, telles que la date plus ou moins rapprochée de l'échéance, le plus ou moins de billets, en vente, le degré de confiance qu'inspirent les signatures qui figurent sur ces titres et que la loi rend solidaires, peuvent modifier la valeur de ces effets.

Ces particularités ont fait surgir un commerce spécial connu sous la dénomination d'industrie de la banque. Les établissements qui s'occupent de cette spécialité prennent la dénomination de banque d'escompte ou de banque de recouvrement, selon le genre d'affaires auquel ils se livrent, bien que la plupart cumulent les diverses espèces d'opérations.

Les banquiers font ainsi plus spécialement l'achat et la vente des effets de commerce, ils se les transmettent mutuellement et les font passer par les voies qui leur sont les plus avantageuses. Si Verviers doit faire beaucoup de paiements à Gand et que cette dernière ville en ait peu à faire à la première, il s'en suit que le papier sur Gand sera recherché à Verviers, et que le débiteur de Verviers consentira à donner un peu plus d'argent pour un billet sur Gand, que ce même billet n'en procurerait à Gand même, plutôt que de faire un envoi en espèces dont le transport lui serait encore plus onéreux. De sorte que si Bruxelles était créancier de Gand, et que le papier sur cette dernière place fut déprécié dans la première, mais que Bruxelles eut plus de paiements à faire à Verviers que Verviers à Bruxelles, il est clair que les banquiers de Bruxelles remettraient du papier sur Gand à leurs correspondants de Verviers.

Dans cette partie commerciale, comme dans toutes les autres, c'est encore la concurrence qui fixe sur chaque place la valeur échangeable des effets de commerce. Il s'établit ainsi dans toutes les localités commerçantes de quelqu'importance, un cours légal arrêté, chaque jour, par le corps des courtiers de change.

On comprendra qu'à défaut de pouvoir liquider les achats et les ventes au moyen d'effets de commerce, les besoins de la société en fait de numéraire, seraient bien plus considérables. Il s'en suit que ce mode de liquidation généralement usité est très-favorable à la production : d'abord parce qu'il permet d'épargner les frais de déplacement de grandes quantités d'argent, ensuite, parce que l'industriel trouve dans cet usage, l'avantage de pouvoir diminuer considérablement cette partie du capital productif roulant, qui est représentée par la monnaie.

Il est clair cependant que la confiance est une condition indispensable à la liquidation des opérations commerciales au moyen des effets de commerce, et que mille circonstances peuvent la troubler et jeter la plus pénible perturbation parmi la classe industrielle. Tel est l'effet que ne manquent jamais de produire les commotions politiques et le langage acerbe et menaçant que l'exaltation fait tenir souvent à certains hommes que le tourbillon révolutionnaire a porté parfois à la tête des administrations. Peu familiarisés avec le mécanisme des relations humaines, ils semblent ne pas voir que la confiance est métaphysique, qu'elle est insaisissable ; que la sécurité est son élément, et, qu'à l'ombre d'une menace, elle disparait comme le lièvre abandonne quelquefois son gîte, sans motif sérieux, au seul bruit d'une gerbe de blé que le vent renverse.

Le crédit est l'âme du commerce, la vie des transactions. Sans crédit, l'échange et la production languissent, l'ouvrier chôme et le salaire baisse. Est-il nécessaire après cela de qualifier d'abominables et de flétrir aussi, ces inconséquentes paroles que la jalousie ou toute autre mauvaise passion fait prononcer. Paroles souvent, il est vrai, aussi méprisables que leurs auteurs, mais qui n'en ébranlent pas moins le crédit des industriels. Combien de fois encore ces opinions émises à la légère sur les chances d'une entreprise, par des hommes quelquefois sans la moindre valeur industrielle, n'ont elles pas bouleversé de fortunes et arrêté, par des retraits de crédit et des liquidations forcées, les plus nobles, les plus généreux efforts de l'intelligence, du courage et de la persévérance ! Et qu'est-ce qu'une liquidation forcée, œuvre de ces sapeurs maladroits du crédit ? Une ruine pour l'industriel, une vente en dépit du bon sens, d'objets souvent d'une grande valeur en utilité pour celui qui les possède et qui sait s'en servir, mais qui ne sauraient avoir qu'une minime valeur en échange, parce qu'ils ont des formes et une destination plus ou moins définitive et que, par cela même, ils conviennent à peu de personnes. En un mot, une vente qui ne profite à personne, si ce n'est aux agents publics qui en sont chargés. Désolants effets de l'ignorance humaine mise en émoi par quelques paroles légères ou quelques démarches irréfléchies d'un méchant, d'un étourdi ou d'un insensé!!

Après le commerce à l'intérieur, vient le commerce avec l'étranger. Il consiste à acheter un produit dans tel pays, pour en effectuer la vente dans tel autre. Ce commerce là est, pour ainsi dire, cosmopolite; il est de tous les pays. Un Français peut, aussi bien, qu'un Anglais acheter du grain en Russie ou en Danemarc, pour le revendre en Angleterre, tout comme un Anglais, un Russe ou un Danois peut acquérir, chez lui ou ailleurs, une denrée quelle qu'elle soit, pour en effectuer le placement en France ou dans tout autre pays. Cette industrie est donc universelle, l'action en est aussi continuelle qu'immense; il n'est point de petit coin de terre accessible où elle ne fouille, partout elle s'enquiert des plus pressants besoins; elle étudie les mœurs et les goûts des peuples, elle pèse en chaque lieu, la valeur des choses, et ce qui passe inaperçu à tel commerçant, fixe l'attention de tel autre. L'intérêt qui la guide est celui du monde, et les peines qu'elle se donne ne lui sont rétribuées qu'autant qu'elle ait su deviner juste. Il est à plaindre le commerçant qui vous porte ce que vous ne pouvez ou ce que vous ne voulez acquérir; malheur à lui, s'il apporte du café quand c'était du sucre qu'il vous fallait.

Si l'action commerciale était dégagée de cette foule d'entraves, l'humanité pourrait-elle être parfois si souffrante? Verrait-on ici des monts de grains devenir la proie des insectes, lorsque, là-bas, des populations sont décimées par la famine! Trouverait-on des gens à moitié nus, lorsque d'énormes magasins régorgent d'étoffes invendables!

Néanmoins, quoique le commerce avec l'étranger soitgêné dans ses mouvements, quoiqu'il ne fonctionne pas comme il le devrait faire pour le bonheur du genre humain, il est loin cependant d'être inactif. Il se fait journellement des échanges entre les nations comme entre les localités d'un même pays.

Recherchons encore ici comment ont lieu ces échanges, et surtout comment ils se liquident.

Bien que la plupart des nations prennent plaisir à se contrecarrer, au lieu de s'entr'aider comme le feraient de bonnes sœurs, ces rigueurs internationales ont cependant leurs nuances. Telle nation est moins sévère à l'égard de telle autre, celle-ci à son tour, a ses relations plus intimes; il s'en suit, que toute communication n'est point complètement interrompue entre elles, et que les liquidations du commerce avec l'étranger, comme celles du trafic intérieur, se font encore sans grands déplacements d'espèces.

Lorsqu'un négociant d'Anvers transmet à son correspondant de Rio, l'ordre d'acheter une cargaison de café, et qu'il lui semble plus avantageux de payer ces cafés en numéraire qu'en produits belges, il est d'habitude qu'il accompagne son ordre d'achat de ce que l'on appelle *un crédit confirmé* sur une des places de commerce de l'Europe qui sont le plus en rapport suivi avec le Brésil, telles que Londres, Paris, Amsterdam ou Hambourg.

Ce crédit n'est autre chose, qu'une autorisation duement confirmée, donnée au commissionnaire brésilien, de tirer un billet à ordre sur une maison de banque de l'un de ces centres commerciaux, en remboursement de la facture des cafés à expédier à Anvers.

Simulons une opération de ce genre, et supposons que le crédit confirmé ait été ouvert à Londres.

Ici encore l'opération peut se liquider sans qu'il sorte des fonds d'aucun pays Le billet à ordre, tiré à Rio en paiement de la facture des cafés, est acheté dans cette ville même, par une maison qui a des paiements à faire en Angleterre, du chef d'une vente à Rio de produits anglais. Le négociant d'Anvers achète à un banquier de la place, un billet à ordre sur l'Angleterre, créé par un industriel belge qui aura expédié des denrées dans ce dernier pays. Le négociant brésilien, débiteur à Londres, y fait parvenir le billet qui doit acquitter les cafés achetés pour compte du commerçant anversois; ce dernier remet, à son tour, à Londres les billets sur l'Angleterre et qui paieront les produits belges. De façon, qu'en fin de compte, pas une obole n'est sortie de Belgique. du Brésil ni de l'Angleterre, pas une non plus n'y est entrée.

Au point de vue de la Belgique, ses produits expédiés en Angleterre ont payé les cafés importés du Brésil.

Au point du vue du Brésil, ses cafés expédiés en Belgique, ont acquitté les marchandises manufacturées importées d'Angleterre.

Et au point vue de l'Angleterre, les produits belges qu'elle a importés ont été payés par des expéditions au Brésil d'articles manufacturés. De sorte que partout, les produits importés ont été payés par des produits exportés, et que quoique chaque nation ait acquitté les produits étrangers par la cession d'une valeur équivalente représentée par une partie de ses propres créations, les échanges se sont opérés selon le désir de chacune, et les augmentations de valeur amenées par les déplacements, ont tourné au profit des nations qui les ont faits.

Il se pourrait fort bien qu'au lieu de papier sur l'Angleterre, le négociant anversois eût trouvé plus d'avantage à acheter et à remettre à Londres, du papier sur la France ou sur tout autre pays; papier qui aurait pu être créé même dans une localité étrangère à la Belgique, mais cela ne changerait en rien cette vérité : que les produits se paient toujours par des produits, puisque telle valenr créée à l'étranger et devenue propriété belge, ne peut y être arrivée qu'en paiement d'une fourniture quelconque faite par la Belgique.

Nous venons de le dire, les produits sont payés par des produits, et cela est vrai tant en ce qui concerne le commerce à l'intérieur qu'en ce qui regarde l'échange avec l'étranger, même lorsqu'il arrive que l'on paie en lingots ou en argent; car l'argent et les lingots sont des produits tout comme les cafés, les sucres ou les calicos; et si le possesseur ne les a pas lui-même extraits du sein de la terre, il les a achetés par des produits.

Nous avons cru devoir traiter, au moins d'une manière succincte, le mécanisme des liquidations commerciales, afin de faire comprendre que, bien que l'argent circule constamment, il roule cependant dans un rayon moins grand qu'on ne se l'imagine, et que le plus souvent il sert à effectuer, soit les transactions journalières dans l'enceinte même des localités, soit celles qui se font dans les localités voisines.

Néanmoins ces usages n'ont point de règles, ils n'empêchent pas les valeurs métalliques, comme toutes les autres, de se rendre toujours là où elles ont le plus de valeur.

Cependant les restrictions empêchent les nations d'opérer les échanges comme elles le voudraient. Les prohibitions et les restrictions douanières obligent les unes d'acheter à prix d'argent ce qu'il leur serait plus avantageux d'acquérir par un produit de consommation, et les autres d'accepter des espèces en échange de leurs propres créations, tandis qu'il leur eut été plus avantageux d'être payées en draps, en clous, en toiles ou en d'autres produits.

La liberté commerciale permet aux nations de payer comme elles l'entendent, et il se fait que le genre de paiement le plus avantageux au point de vue de celle qui achète, est encore celui qui convient le mieux à la nation qui vend.

S'il existait entre la Russie et la Belgique une

liberté de transaction plus étendue, le commerce belge aurait plusieurs moyens de payer les céréales qu'il a l'habitude d'importer de ce premier pays. Il solderait nécessairement les factures au moyen de valeurs qui, à prix égal en Belgique, lui donneraient le pouvoir d'acquérir le plus de roubles en Russie. Et ce serait là encore le mode de paiement qui conviendrait le mieux à la nation russe.

Nous tâcherons de rendre ceci plus clair par un exemple, nous admettrons qu'il n'existe entre les deux pays aucune restriction commerciale.

Supposons qu'un marchand de grains belge achète à Riga une cargaison de seigle qui vaille à bord 5,000 roubles. Il pourra se libérer envers les vendeurs, soit en expédiant en Russie des produits belges, soit en achetant à l'étranger des produits qu'il dirigera sur la Russie, soit en ouvrant un crédit ou en remettant à ses correspondants russes des billets à ordre quelconques, soit enfin en leur envoyant des espèces. Il choisira nécessairement le mode de liquidation qui lui sera le plus avantageux : c'est-à-dire, celui qui lui permettra d'avoir à Riga le plus de roubles, en échange d'un nombre déterminé de francs dont il se déssaisira en Belgique.

Il trouve que certains produits de l'industrie belge, dont l'acquisition exigera de sa part un déboursé de fr. 15,000, peuvent se vendre, rendus en Russie, de manière à lui donner un produit net de 5,000 roubles; qu'une cargaison de produits étrangers achetée en Angleterre et qui exigera une avance d'un même nombre de francs, ne lui produira que 4,000 roubles : que l'acquittement d'une somme de 5,000 roubles au moyen d'une ouverture de crédit ou d'une remise de billets à ordre, lui coûterait 20,000 fr.; et qu'il serait obligé d'expédier à Riga une somme de 21,000 francs, s'il voulait se procurer de cette manière le nombre de roubles dont il a besoin.

Le commerçant belge optera nécessairement en faveur du premier mode de liquidation : il achètera une cargaison de produits belges, pour en opérer la vente en Russie, et pour payer sa facture de seigle.

Ce mode de liquidation est aussi celui qui convient le mieux à la Russie. En effet, bien que les quatre modes pouvaient lui convenir, elle consent à mieux rétribuer les travaux représentés par les produits belges; or, on rétribue généralement les travaux en raison du besoin que l'on en a (*). Nous en concluons que la Russie avait plus besoin de la cargaison de produits belges, que de toutes les autres valeurs que l'on aurait pu mettre à sa disposition.

Cependant, dira-t-on, l'importation des fabricats belges en Russie, peut contrarier les intérêts de l'industrie similaire nationale de ce vaste Empire, au point même que celle-ci, ne pouvant plus soutenir la concurrence, serait obligée d'abandonner ses travaux, si l'imposition des produits étrangers ne la protégeait pas.

Demandons-nous pourquoi quelquefois l'industrie

(*) Première partie, chapitre VIII, page 83.

d'un pays ne peut pas soutenir la lutte sur ses propres marchés, avec l'industrie étrangère ; elle qui a l'avantage d'être sur les lieux de consommation, elle dont les produits exigent moins de frais de déplacement que ceux de ses concurrents étrangers?

Cela peut résulter de deux causes. L'industrie étrangère peut jouir d'un pouvoir producteur naturel plus spécial que l'industrie nationale. Dans ce cas, la lutte est, et sera toujours impossible. Le mal est sans remède, cette industrie n'en est plus une, elle n'est qu'une sangsue nationale née à la faveur du jeu de l'impôt ; elle n'est qu'un parasite vivant aux dépens de la nation, une industrie fictive qu'il faut sacrifier, dût-on indemniser l'exploitant.

Ou bien l'industrie indigène peut être plus imposée, d'une manière indirecte, que ses concurrents étrangers ; ses ouvriers peuvent lui coûter plus cher, parce que chez elle, l'alimentation intérieure et extérieure est plus onéreuse ; parce que chez elle, la valeur des matières premières est plus élevée ; en un mot, parce qu'une foule d'impositions augmentant d'une manière fictive le prix de ses ustensiles de travail, elle réclame le concours d'un capital productif plus considérable.

Dans ce dernier cas, signaler le mal c'est indiquer le remède : que l'impôt ne soit plus un instrument inique, qu'il cesse de faire profiter *un* à une caste, en faisant perdre *deux* à la nation. Alors la matière suivra dans sa transformation la voie la plus avantageuse, la concurrence cessera d'être le cochemar de l'industrie ;

elle ne sera plus que l'agent déterminateur de la valeur relatives des créations entre elles, que l'équitable répartiteur des valeurs en proportion des services rendus par les hommes et les choses, et l'industrie nationale n'aura plus rien à redouter.

Nous l'avons fait observer (*) la protection peut être utile lorsqu'il s'agit d'enter un nouveau fruit sur l'arbre de la production nationale, elle est justifiable alors ; car il n'est point donné à une industrie naissante de pouvoir lutter, de prime abord, avec l'étranger. On ne peut raisonnablement pas désapprouver une prime passagère donnée dans le but d'encourager et de stimuler le travail national, quand au bout d'un certain temps, la nation entière doit profiter des avantages d'un nouveau genre d'exploitation.

La protection peut surtout porter de grands fruits, lorsqu'elle tend à fonder ou à activer les relations internationales, mais elle doit avoir des bornes, elle ne peut être éternelle ; car alors elle devient une charge inutile, sans compensation : elle arrête la marche naturelle de l'industrie, elle la retient à l'état d'enfance, en la privant du principe le plus actif des progrès : c'est-à-dire, de la concurrence.

En tout cas, l'application de ces principes réclame de la part du législateur, une prudence extraordinaire et une perspicacité peu commune. C'est parce qu'on a été peu circonspect dans cette l'application, que l'in-

(*) Première partie, chapitre V, page 42.

dustrie a quitté ses ornières naturelles pour se lancer dans cette voie tortueuse où elle se traîne si péniblement, malgré les efforts incessants de toute l'armée industrielle.

Il est encore un autre commerce connu sous la dénomination de *commerce de réserve ou de spéculation*, nous avons déjà eu occasion d'en parler (*). Il consiste à retirer de la circulation certains produits trop abondants et mal rétribués, pour en opérer la vente dans d'autres moments où ils seront plus utiles. Ce commerce a un caractère mixte, il peut se faire à l'extérieur comme à l'intérieur des pays. Si l'on en excepte certaines substances réputées très-dangereuses, il est permis d'acheter chez soi et d'emmagasiner des produits nationaux, et rien n'empêche encore le spéculateur étranger d'opérer en Russie ; d'y acheter et d'y emmagasiner des grains ou des produits quelconques, pour les revendre en d'autres moments, soit pour la consommation russe, soit pour l'exportation et l'alimentation d'autres peuples.

Le commerce de réserve est en quelque sorte un des poids régulateurs de la machine productive universelle, la spéculation oppose ainsi une certaine limite à la dépréciation des travaux. Nous avons fait remarquer les immenses services qu'elle peut rendre surtout en ce qui concerne le commerce des denrées alimentaires, nous nous sommes efforcé alors d'indiquer les principaux motifs qui l'arrêtent, tout en signalant les

(*) Première partie, chapitre V, page 29.

avantages extraordinaires qu'amènerait l'anéantissement de ces préjugés, qui portent les hommes superficiels et ignorants à considérer comme d'exécrables accapareurs, ceux qui, à la faveur de la liberté d'action et de la sécurité, seraient tout bonnement les gardiens et les magasiniers d'innombrables greniers d'abondance (*).

(*) Première partie, chapitre VIII, page 88.

CHAPITRE XX.

Des traités internationaux.

Lorsque nous voulons déterminer, le plus exactement qu'il est possible, la fortune d'un individu, nous disons communément qu'il possède telle somme, bien que souvent il n'ait pas en numéraire la millième partie de son véritable avoir. Ce mode de définition est le plus court et le plus clair : il fixe le mieux nos idées, parce que nous sommes habitués à déterminer la valeur d'une chose en la comparant à celle de l'unité monétaire.

Ensuite l'argent est, de tous les produits, celui qu'on reçoit habituellement avec le plus de plaisir, parce qu'on sait qu'il convient à tout le monde, et qu'au moyen de la monnaie on peut se procurer, par un seul échange, les objets dont on a besoin; et s'il était possible de comparer la satisfaction qu'éprouve le vendeur, à celle que ressent l'acheteur, quoique les deux valeurs échangées soient égales, on découvrirait probablement que celui qui a librement vendu, est plus satisfait encore que celui qui a acheté.

Comme la monnaie sert à la fois de mesure dans les évaluations, et de marchandise de transmission dans les échanges, et que par ces dernières fonctions, elle est, de tous les produits, celui qui est généralement le plus recherché, il est assez naturel que dans le langage vulgaire, les mots *richesse* et *argent* soient devenus synonymes, et qu'à la fin on ait mal interprété le véritable sens de ces expressions telles que : *Il a un million, il a beaucoup d'écus,* locutions qui doivent être prises dans un sens figuré.

Pour désigner un homme qui possède beaucoup de travaux accomplis, nous disons qu'il a beaucoup d'argent. Autrefois les Romains disaient d'un riche qu'il avait beaucoup de cuivre. Cette mauvaise interprétation donnée aux mots et la prédilection toute particulière que chacun ressent pour la monnaie, sont deux causes qui ont beaucoup contribué à faire supposer que les richesses des nations sont en raison de la quantité de métaux précieux qu'elles possèdent, et qu'elles ne sauraient mieux faire qu'en amassant autant de numéraire qu'il leur est possible.

Aussi lors des premiers débarquements sur les côtes américaines, les Espagnols et les Portugais jugèrent-ils également de la richesse des pays, plutôt par les mines d'or et d'argent qu'ils y trouvèrent, que par les véritables ressources des lieux; à tel point qu'ils abandonnèrent les plaines les plus fertiles, pour s'établir de préférence dans les contrées aurifiques qui, en réalité, étaient beaucoup moins riches.

Smith rapporte que les Tartares, peuple essentiellement pasteur, et qui se servaient de bétail dans leurs échanges, afin d'être renseignés sur les richesses de la

France, demandèrent au moine Plano-Carpino envoyé en ambassade à un des fils du fameux conquérant asiatique Gengis-Khan, s'il y avait dans ce pays beaucoup de gros et de menu bétail. Les Tartares d'alors s'inquiétèrent moins qu'aujourd'hui de l'or et de l'argent, parce que le bétail était à cette époque leur denrée par excellence : c'est-à-dire leur agent commercial.

Il semble que de tout temps on ait attaché une importance outrée à la possession surabondante de l'agent commercial quel qu'il fût, et que par dessus tout on se soit efforcé, non-seulement de conserver celui que l'on possédait, mais encore d'attirer celui de l'étranger. De là ces idées absurdes émises par les partisans de ce que l'on appelle *la balance du commerce*. Ils s'imaginent que la nation qui importe plus de produits de consommation qu'elle n'en exporte, s'appauvrit, parce que, disent-ils, elle doit nécessairement payer en espèces, la différence entre la valeur des produits exportés et celle des produits importés. Ils soutiennent par la même raison, que la nation qui exporte plus de produits qu'elle n'en importe est en voie de prospérité, parce que, dans ce cas, elle a droit à un solde en espèces.

Ces assertions sont démenties à la fois par la théorie et par la pratique.

En effet, la richesse nationale est composée de toutes les valeurs appartenant aux nationaux, donc, cette richesse ne saurait augmenter ou diminuer, si ce n'est par les augmentations et les diminutions survenues dans ses différentes parties constituantes. Ainsi, tout en travaillant au plus grand avantage de son intérêt particulier, le commerçant travaille à l'accroissement de la richesse nationale, et du moment qu'il lui est plus avantageux d'effectuer ses paiements à l'étranger en argent, qu'en marchandises ou en traites, ce mode d'acquérir devient aussi le plus avantageux à cette richesse.

Or, dans la supposition qu'il y eût pleine liberté d'échange entre deux peuples, chaque fois qu'il se ferait des exportations d'argent ou de métaux précieux d'un pays vers l'autre, elles n'auraient lieu que dans la perspective d'un plus grand benéfice; elles deviendraient, par cela même, avantageuses à la richesse nationale.

Néanmoins, il est résulté de cette idéale convenance basée sur la balance du commerce, que la plupart des nations se sont toujours appliquées à se ménager une part aussi large que possible dans l'approvisionnement des pays étrangers, tout en cherchant à entraver l'importation chez elles, de tout produit autre que la monnaie.

Tel a été l'esprit qui a préoccupé la plupart des négociateurs chargés de la conclusion des traités internationaux.

Mais cette prétention de vouloir écouler constamment ses propres produits et de ne vouloir être payé qu'en numéraire, n'est-elle pas à la fois ridicule et impolitique? — Les autres nations peuvent-elles payer par continuation en argent et en métaux précieux (*)?

(*) Première partie, chapitre XI, page 163.

— Leur est-il possible d'acquérir autrement que par la cession de leurs propres travaux ? — Et le pays qui a exporté, n'a-t-il pas, le plus souvent, intérêt à opérer ses retours en denrées de consommation ? Nous allons tâcher de prouver cette dernière vérité d'une manière péremptoire.

En passant en revue les produits de l'industrie, nous remarquons qu'ils sont divisibles en plusieurs catégories. Les uns sont indispensables à l'alimentation de la vie : telles sont les denrées de première nécessité. D'autres, non moins utiles, nous abritent contre les intempéries, nous procurent certaines commodités : tels sont les vêtements et les objets d'emménagement. D'autres sont moins nécessaires : tels sont les métaux précieux, les objets d'art, les vaisselles de luxe, les bijoux et généralement cette foule d'objets qui ne sont pas cependant du nombre de ceux dont la consommation est de rigueur, quoi qu'ils représentent une grande valeur et qu'ils soient capables de nous procurer certaines satisfactions.

Or, qui oserait soutenir qu'il est de l'intérêt des nations d'attirer, de préférence, cette dernière catégorie de produits et d'écarter ceux dont la consommation est en quelque sorte obligatoire ?

De même que tous les autres produits, les métaux précieux représentent une accumulation de travaux, et de services rendus par un fonds appropriable. Parce qu'ils sont plus insensibles à l'action de l'air et aux ravages du temps que les métaux ordinaires, ils conservent un éclat qui plait et qui les rend plus propres à la confection d'une infinité d'objets d'apparat et de luxe. Plusieurs qualités qui leur sont propres les ont fait préférer, à tout autre produit, comme agent commercial. Cependant leur valeur résulte, ainsi que celle des autres productions, des quantités offertes et des quantités demandées. Or l'exploitation de nouvelles mines et la réduction du travail du capital dans l'extraction et la purification de ces métaux, peuvent en réduire les valeurs sans en diminuer l'utilité, et en étendre la consommation; car les causes de la valeur des métaux précieux sont, aussi bien que celles du fer ou de tout autre produit, susceptibles de variations.

Sans contester l'utilité et l'agrément des objets de consommation d'une grande valeur intrinsèque métallique, nous dirons qu'il est cependant des choses plus nécessaires. Quant aux monnaies, elles constituent les produits les plus indispensables de tous ceux qui sont faits de métaux précieux. Elles sont nécessaires, parce qu'elles facilitent les transactions; elles sont pour ainsi dire le principal outil de l'échange, de l'industrie commerciale, comme la charrue est l'outil essentiel de l'agriculture. Il faut de l'argent en quantité suffisante aux transactions, tout comme il faut des charrues et des ustensiles de labour en proportion des terres en culture; mais il n'en faut pas au-delà. Car quel avantage retirerait-on d'une surabondance de charrues? L'industrie agricole en serait-elle plus prospère? Cultiverait-elle par cela même plus de terres? — Aucunement.

L'art culinaire avance avec raison qu'il faut un lièvre pour faire un civet, puis un vase et d'autres accessoires. Cependant si ces derniers objets sont nécessaires, le lièvre est plus indispensable encore, en ce sens, qu'on ferait en un jour dix civets avec un vase et dix lièvres, tandis qu'on ne ferait qu'un seul civet quand même on aurait mille vases et seulement un lièvre.

Il en est exactement de même de la marchandise de circulation : elle rend les transactions possibles, elle les facilite ; elle est indispensable même, mais elle ne règle pas, à elle seule, le nombre des transactions. Si, en agriculture, les charrues sont utiles, les terres sont encore plus indispensables. De même, si dans l'échange l'argent est indispensable, les produits sont de rigueur. Un accroissement de travaux, une activité plus générale et une création plus importante sont les seules causes qui puissent augmenter les transactions, et rendre nécessaire une plus grande quantité de monnaie. Cette quantité doit donc se régler d'après les produits exposés en vente et le degré d'activité qui détermine le nombre des échanges.

Un gouvernement qui poursuivrait opiniâtrement la possession de la monnaie étrangère, s'il lui était possible d'atteindre le but, aurait rendu en définitif un bien mauvais service au pays. Ainsi que nous venons de le dire, la surabondance de numéraire, si elle pouvait durer, n'aurait aucunement le pouvoir d'activer la production et de multiplier les transactions, elle amènerait nécessairement la dépréciation de la monnaie par rapport aux autres produits; on paierait peut-être deux francs la denrée qui vaut aujourd'hui cinquante centimes, ou, ce qui est plus rationnel et plus probable encore, à la faveur de la réduction de la valeur à peu près commune des monnaies et des métaux précieux (*), on verrait augmenter considérablement le nombre des vaisselles en argent et en vermeil; on verrait se multiplier les bagues, les brimborions et toutes ces superfluités métalliques que nous avons rangées dans la catégorie des produits industriels d'une utilité secondaire, mais on conviendra qu'il est des choses plus nécessaires, plus indispensables qu'il importe de rechercher. Et quel bien pourrait-il résulter d'une possession démesurée de ces objets de luxe? — Tous nous préférons un mets succulent présenté dans une assiette de belle faïence, à une tranche de pain noir servie dans un plat, fût-il de vermeil!

Il ne faut certes pas dédaigner la possession des monnaies et des métaux précieux, mais quoique la jouissance de grandes quantités d'or et d'argent soit le vœu de bien des hommes, il est des choses plus utiles et dont la possession est indispensable au point de vue du bonheur général.

Loin de nous le désir de voir proscrire tous les objets de luxe, et de priver le riche de la satisfaction qu'ils peuvent lui procurer. Mais, quand il est con-

(*) Chapitre XV, page 39.

stant que la privation abrège la vie de bien des pauvres, est-il possible que des hommes sensés ne réprouvent point un système qui, en faisant de vains efforts pour attirer les superfluités, repousse l'utile, le nécessaire même!

Nous venons de le dire, poursuivre la possession d'une surabondance de numéraire ou de métaux précieux, c'est faire de vains efforts; c'est viser à l'impossible. Nous croyons l'avoir suffisamment démontré (*).

Le haut prix des denrées, ou, en d'autres termes, la dépréciation de la monnaie par rapport aux autres produits, est un des effets caractéristiques de l'application du système exclusif. Or, est-il possible d'attirer par de pareils moyens le numéraire étranger auquel on semble attacher tant de prix? Il en est de la valeur des produits comme des corps liquides qui, obéissant à l'attraction, se meuvent naturellement jusqu'à ce que le niveau soit établi.

On peut, il est vrai, arrêter le cours des liquides; contrarier, jusqu'à un certain point, leur tendance naturelle, mais la science humaine n'est point parvenue, et ne parviendra jamais à faire remonter l'eau de la vallée vers la montagne. De même, la valeur des produits (et la monnaie aussi est un produit) tend à se niveler partout, en vertu de la force de l'intérêt. Il est possible aussi d'arrêter partiellement le cours naturel des créations humaines et d'empêcher le nivelle-

(*) Première partie, chapitre XI, page 162.

ment de leurs valeurs, en posant des entraves à la libre circulation, mais, de même que l'eau ne coulera jamais vers la montagne, on ne réussira point non plus à imprimer à l'argent un mouvement en opposition directe avec l'intérêt.

On parviendrait plus aisément à faire affluer l'or et l'argent par des moyens inverses; c'est-à-dire, en mettant en œuvre ces causes qui, tout en réduisant la valeur en échange des objets en augmentent quelquefois encore l'utilité. Cependant, remarquons-le bien, la demande de métaux précieux a des bornes dans chaque pays; et leur grand prix, comparativement à leur volume, fait que, de toutes les marchandises, il n'en est point dont la valeur soit plus tôt nivelée. Les châtiments les plus sévères dont on ait jamais menacé ceux qui exporteraient l'or et l'argent, les exécutions, même les plus barbares, n'ont jamais pu empêcher la sortie ni l'entrée de ces métaux : ils apparurent à Lacédémone, en dépit des lois exclusives de Lycurgue, dès que les Spartiates voulurent les acheter et qu'ils purent les payer.

Lorsqu'au prix de véritables sacrifices, les partisans de la balance du commerce convoitent l'or étranger, ils ne font donc que poursuivre une fiction, un projet irréalisable; un but qui, s'il pouvait être atteint, nous rappellerait ces peuplades rachitiques, aux trois quarts nues, que les Espagnols et les Portugais découvrirent lors de leurs premières explorations sur les rives américaines. Elles portaient de grossiers anneaux d'or aux bras et aux jambes, aux pieds et aux mains, aux oreilles et au nez, et elles manquaient de tout.

Les réflexions qui précèdent et les arguments que nous avons fait valoir dans d'autres chapitres, prouvent, que les conventions internationales, conclues sous l'inspiration des partisans de la balance du commerce, et sous les auspices du système restrictif, ont prolongé indéfiniment le mal, parce que, en maintenant les industries et les capitaux dans des voies pernicieuses, au lieu de cicatriser les plaies de la société, elles les ont rendues souvent plus saignantes encore. Les traités de commerce qui ont donné lieu à quelques bons résultats sont ceux qui, en relâchant les liens qui embarrassent l'action commerciale, ont au moins un peu élargi le cercle des relations entre les peuples.

Fasse le Ciel que la diplomatie quitte pour toujours ces vieilles routes battues qui conduisent à la misère! Et que les nations le sachent : elles ne feront jamais mieux leurs affaires, qu'en faisant aussi celles des autres (*).

On nous reprochera peut-être de vouloir la suppression totale, spontanée de toutes les douanes; la disparition immédiate de toutes ces mesquines, mais inévitables vexations qui sont le cauchemar du paisible voyageur. Non, ce système n'est pas tout à fait le nôtre; car les remèdes trop violents ne guérissent pas, ils tuent. Certes, il viendra un temps où, mieux éclairés, les peuples s'entendront; il viendra un temps

(*) Première partie, chapitre III.

où la diplomatie s'apercevra que les intérêts des nations sont les mêmes, et qu'au lieu de jouer au plus fin, en se faisant mutuellement du tort, il serait plus rationnel de s'entendre sur des points d'intérêt commun, et de se faire réciproquement du bien. Nous le disons franchement : la liberté de l'échange est, dans notre conviction, le véritable état normal de la société, et la douane n'est qu'une maladroite invention humaine en contradiction manifeste avec la volonté du créateur. Cependant, semblable à un homme que les longues tortures de la faim ont miné, et qu'une nourriture trop abondante et trop substantielle jetterait dans de mortelles convulsions, le corps social demande des ménagements. En proie à une maladie invétérée, les plaies de la société sont nombreuses, larges, profondes. Un traitement trop rude, trop énergique lui serait fatal; c'est donc graduellement qu'il convient de relâcher les liens qui l'étreignent.

En thèse générale, les traités de commerce et de navigation ne sont réellement favorables aux nations, qu'autant qu'ils permettent d'étendre le cercle des échanges. Il est indispensable encore que ces pactes soient l'œuvre de la bonne foi, qu'ils soient basés sur une parfaite réciprocité, et conclus à l'avantage mutuel des parties; car personne ne se résigne facilement à jouer le rôle de dupe, et par cela même, les traités subtils ne sauraient être de longue durée.

Nous avons signalé trois manières de parvenir à la possession des choses indispensables, nécessaires et utiles. Que le produit soit le résultat de la création directe, de la création mixte, ou de la création indirecte, il doit toujours avoir coûté au possesseur une certaine quantité de travail.

Dans le premier cas, le produit est entièrement dû au travail national.

Dans le deuxième cas, il est dû, partie au travail national, partie au travail étranger acquis par la cession d'une quantité équivalente de travail national.

Dans le troisième cas, il existe entièrement en vertu du travail étranger acheté par la cession d'une partie égale de travail national.

Donc, on peut dire, en dernière analyse, que tout produit quel qu'il soit, provenant de l'intérieur du pays, ou de l'étranger, est le résultat, soit immédiat, soit indirect de l'industrie nationale. Cependant le moyen de possession n'est pas du tout indifférent; il importe que le produit coute à la nation aussi peu de peine que possible. Dès lors, on comprend qu'il y a un choix à faire entre les trois modes précités : qu'il convient d'opter en faveur du moyen le moins dispendieux, et que la nation qui s'interdit un choix, se nuit évidemment à elle-même.

Il résulte de ceci que non-seulement les dispositions qui écartent les créations étrangères en général, mais encore celles qui atteignent, par exception, les produits d'une nation quelconque, et connues sous le nom de *représailles*, sont, en principe, contraires aux véritables intérêts des pays qui les mettent en pratique; car, si les représailles font un tort aux nations contre lesquelles elles sont dirigées, elles atteignent aussi l'intérêt national. La nation qui en use peut être comparée à celui qui, pour nuire à son voisin, s'impose volontairement certaines privations. Cependant elles se justifient quelquefois pleinement, et les nations contre lesquelles elles sont dirigées, auraient mauvaise grâce d'en être formalisées.

En effet, il serait vraiment ridicule d'exiger qu'un peuple quelque petit qu'il fût, se montrât bienveillant envers ceux qui repousseraient ses produits.

Les représailles sont d'autant plus excusables, et quelquefois d'autant plus nécessaires, qu'elles conduisent généralement à un arrangement. A ce point de vue, elles ne sont plus qu'un mal passager qui aboutit à un meilleur avenir.

L'expérience a pleinement confirmé cette dernière assertion. De tous temps, la politique belge en matière de commerce a été marquée au coin de beaucoup de libéralité; mais, si l'on en excepte quelques pays, la tendance des autres a été, presque toujours, protectionniste. Cependant malgré ses dispositions bienveillantes, la diplomatie belge ne trouvait pas à négocier : ses efforts restèrent stériles.

Après avoir pour ainsi dire tout donné sans compensation, la Belgique n'avait plus rien à offrir en retour des concessions qu'elle sollicitait en vain de l'étranger. Elle fut, elle-même, obligée de virer de bord. Elle majora les droits à l'entrée, elle accorda plus de faveurs aux importations sous pavillon national : en imposant davantage les marchandises sorties des entrepôts étrangers, elle favorisa la navigation au long-cours et l'exportation au loin de ses propres produits. Le pavillon belge, autrefois inconnu dans les parties méridionales du globe, doubla le cap Horn et le cap de Bonne-Espérance, et alla flotter à côté de ceux d'autres nations, sur l'Océan Pacifique et sur la mer des Indes.

Ceux qui ont suivi avec attention les diverses phases de la politique belge conviendront, que depuis cette petite guerre de tarif, depuis l'établissement des droits appelés *différentiels*, les négociations commerciales avec l'étranger ont été couronnées au moins de quelques succès. En déviant un moment des véritables principes économiques, on est parvenu à avoir, au moins en partie, ce que le bon droit et les égards que se doivent les nations, n'avaient pas pu obtenir.

On taxerait de mal avisé, ou tout au moins d'original, celui qui, pour atteindre un but, choisirait de préférence un chemin tortueux et difficile, lorsqu'à côté, il s'en trouverait un autre moins désagréable. Cependant on jugerait très-naturelle la conduite d'un autre qui abandonnerait un chemin praticable, pour gagner un sentier uni et plus commode, dût-il parcourir pendant quelques instants, une voie même bourbeuse et désagréable.

Cependant il faut beaucoup de prudence dans l'application de ces moyens que nous pourrions appeler coërcitifs ; car les représailles ne sont pas sans offrir certains dangers, elles peuvent bouleverser de fond en comble les entreprises commencées, changer la voie ordinaire des transactions, embrouiller les relations établies et occasionner ainsi des pertes considérables. On ne devrait y avoir recours qu'après avoir vainement épuisé tous les moyens parlementaires.

Mais s'il convient d'être circonspect en ce qui concerne les représailles, il est surtout très-impolitique de prétendre exclure une nation des marchés extérieurs. Ces dispositions souvent dictées par l'intérêt mal compris, ou suscitées par des rivalités nationales, et quelquefois mises en vigueur en temps de guerre, comme moyen d'accabler son ennemi, agissent assez souvent en sens inverse et lui deviennent au contraire favorables. C'est pendant les longues guerres entre la France et l'Angleterre que celle-ci, se trouvant à peu près exclue des marchés de l'Europe, fut obligée de chercher d'autres débouchés en d'autres climats; qu'elle développa son commerce avec les Indes, et qu'elle se créa tous ces innombrables débouchés dont elle seule dispose encore aujourd'hui; de telle façon que le blocus continental, au lieu de lui avoir porté préjudice, lui a été, en fin de compte, très-avantageux.

Il en est des nations comme des hommes. Certes il est facile de susciter des embarras à autrui; on parvient aisément à nuire à son semblable, même à faire tomber une victime, mais on la tue rarement; presque toujours elle se relève : l'indignation donne de l'énergie, fait naître de nouvelles forces, et celui que l'on croyait mort, reparait, mais plus formidable, mais plus puissant; il se montre plus grand et plus redoutable : c'est ce qui arrive tous les jours surtout en industrie.

Il semble que ce soit là, la punition que la Providence réserve aux indiscrets qui, plus occupés des autres que d'eux-mêmes, croient s'élever en ravalant des concurrents ou des collègues.

Puisque nous considérons les traités de commerce et de navigation comme des acheminements vers la plus grande liberté d'échange possible, il va sans dire, que ces pactes internationaux ne peuvent contenir aucune clause qui empêcherait d'étendre à d'autres, les avantages des traités; car alors, au lieu de servir d'acheminement vers la liberté universelle, ils opéreraient en sens inverse, en empêchant la conclusion de nouveaux contrats. Ils constitueraient, non-seulement une aliénation de ses propres droits, mais encore un acte hostile envers l'industrie de toutes les autres nations; car, enlever à un peuple, prêt à faire à son tour des concessions, les moyens de vendre chez vous, c'est évidemment lui faire un tort; c'est le priver des avantages du commerce extérieur par rapport à vous; c'est l'empêcher, s'il avait besoin de vos produits, de vous payer comme ses intérêts et les vôtres le commandent (*).

Cependant les concessions aussi doivent avoir des bornes : il serait absurde d'admettre les produits étrangers à un droit inférieur à celui auquel sont assujettis les produits similaires indigènes, et une nation étrangère aurait mauvaise grâce d'exiger davantage. Mais les systèmes d'impôts généralement en

(*) Chapitre XIX.

vigueur, systèmes sujets à des modifications presque incessantes, rendent, sinon impossible, du moins excessivement difficile l'appréciation des véritables droits qui pèsent sur les produits nationaux, il arrive que ceux qui semblent échapper à l'impôt sont au contraire fortement imposés d'une manière indirecte. Cette juste appréciation offre d'autant plus de difficultés que, contrairement aux principes économiques, la loi fiscale atteint très-souvent le produit à la naissance au lieu de le frapper lorsqu'il est le plus près de la consommation (*). C'est là encore un motif qui milite en faveur de l'adoption d'une nouvelle base d'impôts plus simple, en ce qui concerne l'alimentation du trésor public.

La société ne sera bien assise et ne marchera carrément, qu'autant que les uns ne soient plus déshérités au profit des autres; qu'autant que chacun reçoive une rémunération proportionnée aux services qu'il rend. Or, cet ostracisme qui frappe les travailleurs de la pensée ne constitue-t-il pas une défectuosité qui gêne la marche du corps social? Les auteurs et les inventeurs ne sont-ils pas en quelque sorte le principe de l'industrie? La science et l'application de la science ne profitent-elles pas au monde entier? — Dès lors, l'univers n'a-t-il point quelques devoirs à remplir envers ceux qui, réunis, forment la pierre fondamentale du travril? Toutes les nations ne doivent-elles pas protection à ceux dont les travaux difficiles, et

(*) Première partie, chap. X, page 144.

les fruits qui en naissent sont dévolus aux hommes qui veulent en profiter, quel que soit le sol qu'ils habitent?

Que les négociateurs de traités, en entrant dans leurs salles de conférence, portent donc sur leurs bannières ces mots trop longtemps oublés : *Respect aux droits de la propriété intellectuelle.*

La réforme, en ce qui concerne le travail de l'esprit, ne réclame point de période de transition; elle peut se faire brusquement, d'un seul trait; car, n'ayant jamais été protégée, cette industrie-là n'a pas de capitaux fourvoyés; elle ne craint pas, comme le travail matériel, les changements trop précipités.

Et serait-ce donc chose si difficile que de conclure de pareils arrangements? Il ne s'agit que de continuer une œuvre commencée. Autrefois, les peuples s'entendaient si peu, que la justice elle même était arrêtée aux poteaux limitrophes des états et semblait être de contrebande! Au-delà des frontières, les voleurs, les assassins, les parricides même, étaient en sûreté et défiaient les lois de leurs pays; ils pouvaient, à l'aise, méditer de nouveaux forfaits. Aujourd'hui le vol et l'assassinat ne sont plus considérés comme de simples méfaits à l'égard d'une seule nation, mais, comme des crimes envers la société entière. Mieux inspirés, les peuples s'entendent et se livrent mutuellement leurs bandits.

Mais pourquoi ne pas persévérer dans cette voie de civilisation? Pourquoi s'arrêter en si beau chemin?

Pourquoi ne pas faire aussi respecter chez soi, les droits bien établis d'un étranger, tant sous le rapport de la production matérielle que sous celui de la production immatérielle? Il est de l'honneur et du devoir de la société de combler cette lacune, comme il est de l'honneur et du devoir particulier des gouvernements de faire respecter tous les travaux, et de laisser librement se répartir, indistinctement entre toutes les parties travailleuses, les créations de l'industrie et de l'esprit humain.

Il est encore de l'intérêt des nations de protéger de leurs boucliers réunis, l'industrie honnête et loyale, contre le trafic trompeur des frelateurs et des faussaires de tous les pays. Les lois défendent par tout, sous des peines flétrissantes, d'apposer sur un document quelconque une signature contrefaite; elles punissent encore sévèrement celui qui, en faisant usage de la marque de fabrique d'un concurrent, cache sa turpitude sous le dehors d'une belle réputation bien méritée. Mais, chose déplorable, ce qui est réputé crime, ici, semble être, au-delà de la frontière, l'acte le plus innocent du monde.

Il se vend au Brésil des armes à la marque anglaise, qui n'ont jamais vu l'Angleterre. En Espagne, des toiles dites flamandes fabriquées, on ne sait où. En Belgique des cigares soi-disant de la Havane, faits avec du tabac de Wervicq, portant, à s'y méprendre, les marques et les signatures des fabricants les plus renommés de Cuba. Nous ne parlerons que brièvement de ces articles de pharmacie, de ces boites de pâtes et de capsules portant de faux cachets et de fausses signatures, et de cette foule de contrefaçons du même genre, elles ruinent impunément tant la santé du consommateur indigène, que la réputation et la bourse de l'industriel étranger.

Cette tolérance inexplicable au détriment du consommateur indigène et de l'industrie étrangère, n'est pas moins grande et moins odieuse en ce qui regarde les arts. Non-seulement elle nuit au véritable mérite sous le rapport pécuniaire, mais, ce qui est plus grave encore, elle ternit impitoyablement les réputations artistiques les mieux mérités.

Voici comment :

M. A. est un peintre très-habile, son nom est dans la bouche de tous les amateurs, ses tableaux font l'admiration du monde artistique. Cependant, bien qu'il soit plus assidu que jamais ; bien que son pinceau fasse de plus grandes merveilles encore, sa couronne se fane. Les cent bouches de la renommée qui, autrefois, le proclamaient un des princes de l'art, deviennent muettes ou parlent en sens inverse : son coloris d'autrefois, dit-on, est perdu, ses dessins sont incorrects.

D'où vient ce changement si subit ?

Nous allons le dire :

La cupidité s'est aperçu que la réputation bien méritée de M. A., était un excellent fonds à exploiter. Elle a cherché a imiter ses tableaux, ou mieux encore, à contrefaire sa signature, ou sa marque qu'elle a apposée sur quelques toiles d'écoliers. Cet expédient lui a parfaitement réussi, mais au détriment du véritable mérite qui a vu sa réputation se perdre et les commandes se ralentir. Et M. A. n'a rien à prétendre, son contrefacteur exploite en pays étranger!

Ces fraudes si communes et si générales dans tous les pays, ne devraient-elles pas fixer l'attention des négociateurs des traités ? Ne porterait on pas des coups bien mérités au commerce trompeur, en insérant dans les contrats internationaux, une clause qui permettrait à l'honnête fabriquant, et à l'artiste ou à leurs fondés de pouvoir, de se faire rendre justice, même en pays étranger ?

Le commerce trompeur est un véritable fléau dans la ruche industrielle. En le laissant trafiquer à son aise, les peuples se font un tort immense ; ils semblent être dans un état permanent d'hostilité : tour à tour ravageurs ou ravagés, leur véritable industrie y perd toujours ; car le butin de la guerre est invariablement le partage de la mauvaise foi.

Il est de l'intérêt des nations de faciliter l'échange des travaux humains, et de protéger la véritable industrie contre les coups que lui porte le trafic trompeur. Quelques unes des mésures à prendre demandent le concours et l'assentiment, sinon de tous les gouvernements, du moins de plusieurs : tels sont les divers points que nous venons d'agiter, telles sont encore les conventions postales, les dispositions concernant les transits, les réglements de navigation sur les canaux et les rivières, etc., etc.

Viennent ensuite les devoirs individuels des gouvernements, en ce qui concerne les moyens particuliers à mettre en œuvre, en vue de favoriser l'échange. Nous consacrerons le chapitre suivant à l'examen de cette question.

CHAPITRE XXI.

Des dispositions particulières à prendre en faveur de l'écoulement des produits nationaux, et de l'échange avec l'étranger.

Nous venons de passer en revue les moyens les plus propres à faciliter les échanges internationaux, mais dont la mise en pratique exige l'assentiment général des nations ou, tout au moins, leur concours. Il est d'autres causes bienfaisantes qui favorisent les relations entre les hommes, et dont l'adoption ne réclame ni le concours ni l'assentiment des gouvernements étrangers.

Cette rivalité qui pousse à la réduction des valeurs, en même temps qu'elle porte aux progrès, cette concurrence qui agit parmi les travailleurs pris individuellement, existe aussi entre les nations, surtout parmi celles qui jouissent en commun, de certains avantages naturels; car si la nature à fait le partage de ses pouvoirs, elle s'est montrée avare de faveurs individuelles. En donnant, à plusieurs, les moyens de créer les mêmes produits matériels ou immatériels, elle a voulu entretenir cette rivalité bienfaisante qui imprime à la création humaine le mouvement ascendant; elle semble protester ainsi à la face de l'univers contre le monopole, et vouloir, elle-même, nous donner une grande leçon d'économie politique.

En effet, les nations sont pour ainsi dire en luttes continuelles, elles combattent dans ces tournois de la paix, sous la protection de leurs gouvernements respectifs. Mais à la guerre ce n'est pas toujours le nombre et la valeur des soldats qui décident de la victoire : il faut, avant tout, aux combattants de bons chefs et surtout un bon capitaine. Il en est de même en industrie : les plus adroits ouvriers dirigés par les meilleurs maîtres, succombent dans la lutte, lorsqu'ils sont conduits par une administration qui les fourvoie dans les impasses de la restriction.

La question qui nous occupe est des plus importantes : la conquête d'un nouveau débouché équivaut pour un peuple à un véritable progrès industriel, car l'extension commerciale ne se borne pas à augmenter de plus en plus le travail national, elle est en même temps favorable à la consommation intérieure. En effet, l'accroissement de la demande permet aux industriels d'exploiter sur une plus grands échelle, et de répartir les frais généraux sur plus de créations. Ensuite, les grandes exploitations étant plus à même que les établissements d'un ordre secondaire, de profiter du bénéfice des mécaniques et de la division du travail, il s'en suit que les produits baissent naturellement, sans amoindrir le salaire des ouvriers, ni le bénéfice des exploitants.

Cependant bien des circonstances peuvent paralyser les efforts d'un peuple, et le faire succomber dans la lutte, en dépit des avantages naturels dont il jouit. Une seule mauvaise disposition législative peut rendre facile la victoire de l'industrie étrangère, au préjudice de l'industrie similaire nationale. Telles sont les lois qui imposent les produits de la terre : non-seulement elles dérangent le mécanisme naturel de la distribution des richesses, mais elles élèvent le prix des matières premières, et celui des subsistances et de la main-d'œuvre ; elles rendent plus rares les occasions de travail, au détriment surtout de la classe ouvrière. Telles sont encore les mesures en général qui empêchent les approvisionnements au meilleur compte possible.

Mais les gouvernements ne doivent pas se borner à mettre au néant les lois impolitiques qui, en rendant difficile et quelque fois impossible l'échange avec l'étranger, privent à la fois le travail national, des ressources des débouchés, et des bénéfices du commerce extérieur, il leur incombe encore d'autres obligations : celles de faciliter l'écoulement des produits nationaux. A cet égard, nous rangerons parmi les mesures les plus utiles, les dispositions qui tendent à renseigner l'industrie : telles que les explorations en pays étrangers, les avis consciencieux et désintéressés des agents diplomatiques.

En effet, il importe que le commerce d'exportation ait une source certaine, où il puisse recueillir les renseignements les plus minutieux ; car les envois faits à la bonne avanture offrent de grands dangers. Plus d'une fois les expéditions des plus belles et des meilleures marchandises ont donné un résultat négatif, et toujours décourageant, parce qu'elles péchaient sous le rapport de l'assortiment, ou parce que les marchandises, quoique remplissant toutes les conditions de solidité et de beauté, n'avaient pas le degré voulu d'apprêt et de légèreté.

Les peuples de la zone torride surtout, moins assujettis que d'autres aux changements de température, n'ont que faire de cette variété d'étoffes que réclament les habitants d'autres parages dont le climat se rapproche tantôt de celui des tropiques, tantôt de celui des pôles. Ces premiers préfèrent généralement à la solidité, l'apprêt, la légèreté et la fraicheur. Ils se distinguent par un esprit de constance qui contraste avec nos goûts frivoles et versatiles. En ce qui concerne la toilette, il semble qu'ils soient moins changeants et moins capricieux que nous. Cette stabilité de goûts augmente les chances de réussite des expéditeurs qui se tiennent strictement aux envois voulus, et qui respectent les usages établis ; mais encore faut-il connaître ces particularités, et savoir s'y soumettre sans raisonner.

Il faut donc que le commerce soit renseigné de la manière la plus précise, tant sur les denrées, que sur la nature, la forme et la couleur voulue des emballages mêmes.

Cependant il en coûterait trop, surtout aux industriels du continent dont les exploitations n'ont pas généralement l'importance de celles que l'on rencontre dans la Grande-Bretagne, s'ils devaient explorer, à leurs frais, les contrées lointaines ; et les rivalités empêchent souvent que plusieurs ne s'associent dans ce but. Cette tâche incombe donc plus spécialement aux gouvernements. Les dépenses faites en explorations dirigées par des hommes spéciaux, ne peuvent manquer de porter de véritables fruits; elles sont bien plus justifiables que ces garanties données contre les éventualités de perte, ou ces priviléges concédés à des sociétés dites d'exportation. Ces dernières mesures, à défaut d'être générales, ont le désavantage d'établir des faveurs, et de paralyser d'autres entreprises qui auraient pu se faire. Il leur manque surtout ce cachet de justice et de sollicitude unitaire qui encourage les entreprises, en mettant sur la même ligne, tous les industriels et toutes les industries.

Cependant, nous n'entendons nullement critiquer les efforts que feraient les gouvernements afin de provoquer ou de faciliter l'établissement de grandes associations commerciales. Les exploitations de ce genre sont appelées à rendre d'éminents services, et de prêter une coopération active à l'industrie en général. Les sociétés d'exportation ont encore cela d'avantageux, qu'en répartissant les chances sur un grand nombre d'intéressés, elles permettent les essais sans compromettre les fortunes particulières, et sans enfreindre les lois de la prudence. Néanmoins, le concours que leur prêtent les gouvernements, doit être dégagé de toute concession de monopole, sinon ils écarteraient les bienfaits de la spéculation particulière dont l'ensemble est immense.

Les seuls moyens légitimes et véritablement efficaces

d'encourager et de favoriser les associations commerciales, consistent, non à les combler de faveurs qui doivent nécessairement écraser l'industrie privée, mais à respecter ce que l'on pourrait appeler à juste titre, l'un des principaux droits de l'homme : celui d'échanger, comme bon lui semble, le fruit qu'il a recueilli à la sueur de son front. C'est en étendant le pouvoir de commencer qu'on parviendra à détruire cet esprit de méfiance et de découragement qu'il faut attribuer à l'insuccès de la plupart des sociétés de commerce. En effet, quelle a été la principale cause de la décadence de ces associations sur une grande échelle? — Elle est facile à découvrir : ces sociétés manquaient de liberté d'action, et cependant la liberté commerciale est l'élément indispensable des sociétés d'exportation et d'importation, comme l'air est l'élément de vie de l'homme; comme l'eau est celui du poisson. Or, de même qu'il est impossible d'élever dans une atmosphère corrompue, un enfant fût-il d'une constitution saine et robuste, de même il est impossible à une société de commerce de vivre, et encore moins de prospérer, au milieu d'une foule de restrictions et de prohibitions, fût-elle née dans les plus belles conditions de prospérité, fût-elle dirigée par une spécialité commerciale des plus entendues; eût-elle à sa disposition, d'immenses capitaux et touts les autres principes de vie.

D'autres causes encore ont été funestes aux sociétés en général, et n'ont pas peu contribué à déverser sur elles, ce discrédit public qu'il convient d'écarter par une sage intervention dans les contrats sociaux. Bien souvent ces contrats ont permis aux fondateurs de ces établissements, de se créer des positions lucratives et d'amasser des fortunes malgré l'insuccès des exploitations confiées à leurs soins.

En allouant aux directeurs des traitements énormes, des indemnités de logement et des frais de représentation extraordinaires, on a écarté ce principe de sage économie qui règne dans les exploitations particulières.

Ce sont là des abus que les gouvernements ne peuvent point tolérer. Il faut que la fortune des directeurs ou des gérants ne puisse être qu'une simple conséquence de la fortune de la société. Il faut que le gérant pâtisse lui-même, et le premier, des revers, mais aussi, qu'il soit le premier à profiter des succès; il faut, en un mot, que le sort de la direction soit lié au sort de la société. Toute ratification gouvernementale de statuts sociaux qui reposent sur d'autres principes est un arrêt de mort, prononcé d'une manière anticipée.

Cependant, s'il est bon d'intéresser les gérants par tous les moyens possibles, à la réussite des affaires sociales, il serait mauvais de passer d'une extravagance à l'autre : personne ne peut répondre du succès d'une entreprise; une infinité de circonstances qu'il est impossible de prévoir même à la nature humaine la plus perspicace, peuvent venir déranger les plans des opérations les mieux conçus; et bien sots sont ceux qui attribuent uniquement à leur mérite et à leur sagacité, la bonne fin surtout d'une opération commerciale. Mille causes accidentelles peuvent rendre stériles, désavantageux même, les travaux les plus utiles, et déjouer les combinaisons les plus intelligentes; et si la bonne politique exige, dans l'intérêt du bien-être des sociétés, que la fortune des gérants soit dépendante de celle des exploitations; que la plus sévère économie soit maintenue dans la gestion des affaires sociales, l'équité et l'intérêt même des sociétés veulent que celui qui sacrifie ses veilles au plus grand bien-être de ses co-intéressés, reçoive au moins une rétribution quelconque, en rémunération de ses efforts, quand même ils seraient restés stériles. Certes, il ne faut pas à un gérant de société, des appointements qui lui assurent une fortune quelle que soit l'issue de l'entreprise; il ne lui faut point un hôtel somptueux décoré avec un luxe oriental; un personnel aussi nombreux que celui de tout un ministère. Ce qu'il lui faut : c'est un salaire qui, en lui donnant les moyens sûrs d'exister, le mette à l'abri de pénibles préoccupations. Ce qu'il lui faut comme stimulant et comme garantie d'une grande prudence : c'est un tantième dans les bénéfices annuels. Ce qu'il lui faut comme indemnité de logement : c'est le loyer d'une modeste habitation; car on dirige à l'aise bien des opérations commerciales, on fait circuler des millions de valeur, on fait fonctionner bien des commis, dans les appartements du rez-de-chaussée d'une simple maison bourgeoise. C'est en exigeant des contrats sociaux d'après ces bases, que les gouvernements feront renaître l'esprit d'association que le lucre particulier et, quelquefois la turpitude, ont tué, et qu'ils parviendront à doter les pays de sociétés d'exportation et d'importation qui, jouissant de tous les avantages attachés aux grandes exploitations, seront, par cela même, très-capables de soutenir la concurrence en pays étrangers.

Pour ce qui concerne les primes données à l'exportation, nous n'hésitons pas à le dire : elles sont quelquefois bonnes, indispensables même, souvent aussi elles sont mauvaises et tout à fait inopportunes.

Les primes à l'exportation connues sous la dénomination anglaise de *draw-back*, deviennent une nécessité dans les pays qui imposent fortement les matières premières et les denrées de consommation obligatoire ; car ces dernières impositions sont la cause immanquable de cette élévation des salaires qui, loin d'être avantageuse à la classe des ouvriers, lui est au contraire très-onéreuse. Et les impositions qui frappent les matières brûtes, indépendamment qu'elles pêchent contre toutes les règles de la politique (*), élèvent considérablement le prix des produits, sans qu'il en résulte la moindre compensation. Le *draw-back* constitue ainsi une mesure nécessaire, afin d'atténuer les funestes conséquences d'une première faute. En effet, sans prime à la sortie, le commerce d'exportation deviendrait impossible, et le travail national perdrait tous les avantages de cette industrie qui ne pourrait pas

(*) Première partie, chapitre X, page 144.

lutter avec ses rivales étrangères placées dans de meilleures conditions.

Cependant, si la prime dépassait le taux réel des charges dont est grévée la production nationale, elle ne serait plus justifiable, à moins qu'on ne la considérât comme prime d'encouragement, mais alors il conviendrait qu'elle ne fût que temporaire.

En effet : ou la prime payée par le trésor, est profitable à celui qui exporte, elle lui tient lieu de bénéfice extraordinaire et indépendant de celui que donne l'opération commerciale même.

Ou, au point de vue de l'opération, elle tient lieu de bénéfice.

Ou bien, elle diminue ou compense la perte.

Dans le premier cas, la prime augmentera indubitablement les opérations du commerce extérieur, qui, à leur tour, alimenteront le travail national, c'est pour ce motif qu'elle peut être bonne quand elle est donnée à titre d'encouragement. Elle permettra au commerce d'exportation de pousser les sacrifices de la concurrence jusqu'à l'abandon du bénéfice réel, même jusqu'à celui d'une partie de la prime, de façon à réduire les bénéfices du commerce avec l'étranger au taux d'une rémunération ordinaire. Mais alors, elle équivaudra, au point de vue du pays, à un sacrifice destiné à payer le simple salaire du commerce d'exportation.

Dans le deuxième cas, lorsque la prime tient lieu de gain à l'industriel, elle encourage une opération improductive pour la nation quoique productive pour les exploitants, mais ruineuse pour le trésor si elle avait un caractère durable.

Dans le troisième cas, elle ne fournit pas même un léger salaire au commerçant, elle ne fait que l'indemniser, en tout ou en partie, de la perte subie ; et, dans toutes les suppositions que nous venons de poser, la prime ne sert en dernière analyse, qu'à rémunérer certains travaux d'une façon extraordinaire, ou simplement, à acheter à l'étranger la faveur de lui vendre des denrées à perte.

Cependant, s'il est de mauvaise politique de payer l'étranger pour qu'il veuille bien acheter des objets que l'on produit onéreusement, est-il raisonnable de vouloir que d'autres peuples viennent subsidier le trésor national ? — Cela n'est guère possible, à moins qu'on ne jouisse d'un monopole ou d'une faveur toute spéciale ; car la concurrence qui pousse à la réduction de la valeur des produits s'y oppose.

La restitution à la sortie des droits perçus sur les produits, soit directement, soit indirectement devient ainsi une loi naturelle que l'on ne peut enfreindre, sous peine de voir cesser l'exportation et de voir décliner le travail national. Et remarquons le bien, les primes payées à la sortie en restitution de droits, ne constituent aucun sacrifice pour le trésor ; car, à défaut de pareilles mesures, le travail national n'eut pas eu lieu, et les droits n'auraient pas été perçus.

Les dispositions dont il s'agit peuvent donc être assimulées à celles qui permettent les manipulations et les fabrications en entrepôt, et dont l'utilité est à l'abri de la discussion.

En thèse générale, le trésor public doit être alimenté par la nation. Le peuple qui veut y faire contribuer l'étranger, sert mal ses intérêts. Il serait au contraire plus utile et plus équitable, non-seulement d'abolir les droits à la sortie, mais encore de restituer les impositions perçues sur les produits lorsqu'ils sont destinés à l'exportation. Ce principe serait cependant très-difficile dans l'exécution, en l'absence d'un système d'impôt régulier.

Les économistes, surtout ceux de l'école d'Adam Smith, se sont fortement prononcés contre les primes à la sortie, de même qu'ils ont déclaré inutiles et déplorables les protections, lors même qu'elles sont données comme stimulants, dans le but de provoquer la pratique jugée nécessaire d'une ramification industrielle quelconque. Ils fondent leur opinion sur le principe que l'industrie d'un peuple est limitée par les capitaux dont il dispose, et que ceux-ci recoivent naturellement l'application la plus avantageuse, lorsqu'aucune influence n'oblige l'intérêt particulier à leur imprimer une autre direction. Ils concluent de là, qu'il est tout au moins dangereux de détourner les capitaux des voies où ils travaillent, pour les occuper parfois d'une manière moins favorable ou funeste même. Certes, ces principes sont irréfutables quant au fond. Cependant il est nécessaire de tenir compte de l'esprit et du caractère humain. L'industriel est peureux de sa nature, les nouvelles entreprises l'effraient, il n'ose y toucher sans certaines garanties, parceque, quoiqu'elles puissent, avec le temps, donner d'excellents résultats, il arrive rarement que les premiers essais soient couronnés de succès. Mille causes passagères dont le temps triomphe, rendent les nouvelles industries dangereuses, et rarement les produits nouveaux sont à même de soutenir la concurrence des produits similaires étrangers crées par une industrie plus vieille et mieux assise. Il est probable même que la plupart des branches industrielles, aujourd'hui en état de vivre de leur propre vie et de se sauvegarder elles-mêmes, eussent été mort-nées si, pendant quelque temps au moins, elles n'avaient été plus spécialement protégées. Cependant il faut un terme à tout : la protection ne se justifie qu'autant qu'elle soit passagère. Les bonnes mères emmaillotent leurs nouveaux-nés, plus tard elles mettent à leurs enfants des bourrelets et des lisières; et tous, nous admirons ces soins maternels, nous trouvons ces précautions indispensables. La nature elle-même a voulu qu'il en fût ainsi, en dotant le cœur de la mère de cet amour sans bornes qui impose si souvent silence à tous les autres sentiments humains. Cependant, si l'on admire cette sollicitude de la mère à l'égard de ses enfants en bas âge, combien ne trouverait on pas inutiles et ridicules ces mêmes précautions, si elles étaient prises en faveur d'un adolescent ou d'un jeune hemme?

Il en est de même en industrie, si la protection peut être parfois utile, il convient cependant de tenir compte de l'âge des industries, et de ne pas les priver de ce principe ascendant qui naît de la rivalité.

Il n'est rien de plus rigoureusement nécessaire à l'intérieur des pays, que l'existence d'un réseau convenable de voies de communication : un bon système de routes et de canaux ajoute pour ainsi dire à la valeur intrinsèque des contrées (*). A défaut de chemins praticables, les populations végètent dans l'isolement, en dépit même de la fertilité et de la richesse naturelle du sol qui les porte; car les voies de communication sont au corps social, ce que les artères, les vaisseaux capillaires et les veines sont au corps humain. Il semble que Dieu nous ait révélé, une fois de plus, la physiologie naturelle de la société, en permettant à notre intelligence d'observer et de comprende la physiologie des êtres animés.

Mais, quant aux nations en contact avec la mer, la bonne politique ne s'arrête pas aux simples considérations des besoins de la locomotion intérieure : les peuples maritimes semblent être investis de la tâche de transporter au-delà des mers, les produits des travaux humains. Certes, il y aurait lâcheté de leur part, à décliner cette charge périlleuse; ils manqueraient à leurs devoirs sociaux, s'ils n'osaient défier les tempêtes; et le monde serait en droit de les narguer et d'opposer le mépris à tant de pusillanimité. Mais aussi, quel crime de lèse-société ne commettent pas les nations qui enchaînent l'ardeur des populations ma-

(*) Première partie chapitre X, page 138.

ritimes? Ne sont-ils pas coupables envers la société entière, ceux qui repoussent le pavillon étranger, l'étendard d'un peuple ami, disposé à ouvrir ses propres ports et à traiter les guibres étrangères comme ses propres guibres, avec la même sollicitude et les mêmes égards, d'après les lois de la plus franche hospitalité?

Il appartient donc aux nations maritimes de stimuler le goût naturel des habitants des côtes : elles ont, à cet égard, un devoir à remplir, tant envers la société en général, qu'envers leurs propres industries nationales; car une marine marchande est une véritable source de prospérité : c'est elle qui, en multipliant les importations et les exportations, fournit un aliment continuel au travail des peuples. Les agents de l'armateur sont pour ainsi dire les commis-voyageurs de l'industrie nationale, et l'intérêt propre du propriétaire de navires le porte à se mettre en contact avec l'industrie de l'intérieur, et à étudier par l'intermédiaire de ses gens de mer, les goûts et les besoins des populations des parages éloignés que ses vaisseaux visitent.

Les nations surtout qui sont assises aux bords de l'Océan, ont donc un véritable intérêt à ne pas laisser péricliter l'industrie nautique. Il est même du devoir de leurs gouvernements de s'efforcer de conclure entr'eux des traités de navigation, basés sur une parfaite réciprocité; et d'éviter, au profit de tous, les pertes résultant des voyages *en lest* qui ont le désavantage de faire supporter par une seule cargaison, les frais de transport qui devraient être répartis entre deux chargements. Cette dernière considération justifie encore le désir que nous avons exprimé au chapitre précédent, de voir intervenir entre les peuples, les pactes les plus larges fondés sur la bonne foi.

Mais, si l'intérêt du monde réclame que l'industrie nautique en général soit développée en raison des besoins de l'échange, il importe plus spécialement aux intérêts particuliers des peuples maritimes, que chacun d'eux dispose d'une marine nationale en rapport avec les ressources et la nature des pays. Car, il est tout naturel que les nations étrangères, surtout celles qui possèdent elles-mêmes une industrie manufacturière active, s'occupent plus de l'exportation de leurs propres produits manufacturés que de celle des autres. L'expérience confirme pleinement ce fait, et les causes de cette préférence s'expliquent : on est toujours plus disposé à traiter avec des compatriotes et des voisins dont on a journellement les produits sous les yeux, qu'avec l'industrie étrangère dont on ne connaît pas toujours les produits et les avantages qu'ils peuvent offrir.

Cependant, une foule d'inconvénients faciles à éviter, peuvent contrecarrer l'industrie nautique et en empêcher le développement. Des dispositions sages, au contraire, peuvent lui être favorables et rejaillir d'une manière avantageuse sur les autres branches industrielles.

Nous l'avons fait observer plus haut : il est impolitique, inutile même, de chercher à faire participer l'étranger à l'alimentation du trésor national; et, tant que durera le système d'impôt encore généralement en vigueur, la restitution des droits perçus sur la production intérieure est d'autant plus nécessaire, qu'elle ne nuit en aucune façon au trésor et qu'elle intéresse au plus haut degré le travail national.

Cette restitution est urgente surtout en ce qui concerne les produits de grand volume et de peu de valeur, connus dans le commerce, sous la dénomination de marchandises d'encombrement. Celles-ci sont très-propres à former les fonds des chargements, elles facilitent l'écoulement des produits de grande valeur, dont la demande est trop limitée pour qu'il en soit expédié des cargaisons entières.

Les pays vignobles, et notamment la France, ont leurs vins, leurs eaux-de-vie, leurs vinaigres et d'autres produits à bas prix qui, offrant un grand volume et étant d'une défaite courante, sont très-propres à former le fond principal des chargements. Ils permettent à la France d'expédier ses articles de bijouterie, ses habillements faits, ses velours et ses soieries.

En fait d'articles d'encombrement, l'Angleterre a ses sels de roche, ses fers bruts, sa houille, ses bières, etc., qui l'aident à écouler ses innombrables produits manufacturés. La Hollande a ses genièvres et ses fromages; le royaume de Naples, ses souffres; la Russie et tous les états du Nord, leurs grains, leurs bois et leurs goudrons, etc. La Belgique a ses charbons, ses clous, ses genièvres, ses bières, ses verres à vitre, sa gobleterie commune qui favorisent l'écoulement et la prompte expédition de ses toiles, de ses draps, de ses dentelles et de tant d'autres produits de prix dont il serait dangereux, et presque impossible de former des cargaisons entières.

Ils seraient donc incontestablement impolitiques, les gouvernements de ces pays qui frapperaient de droits de sortie les marchandises dites d'encombrement.

Il convient, au contraire, qu'ils en facilitent l'exportation en les affranchissant de tous les droits en général qui pèsent sur la fabrication et la consommation, puisque l'exportation de ces marchandises favorise l'écoulement d'autres produits d'une valeur élevée, et qu'elle facilite les expéditions promptes, et souvent répétées qui permettent à l'armateur de réduire, sans qu'il lui en coûte, le taux des frêts; et au commerce extérieur, de recueillir tous les avantages des départs réguliers et les profits attachés à l'activité de la circulation des capitaux (*).

Nous nous sommes borné à examiner les principales mesures qui sont favorables au développement du commerce extérieur, et qui peuvent être pratiquées par la seule volonté des gouvernements, sans qu'ils aient besoin, à cet effet, du concours de l'étranger. Il nous serait du reste impossible d'énumérer et de passer en revue tous les cas qui pourraient se présenter; c'est pour ce motif que nous nous arrêterons aux particularités politiques les plus saillantes.

(*) Première partie, chapitre IV.

Dans le chapitre suivant, nous passerons à l'examen de la liberté de l'échange considérée dans ses rapports avec l'impôt.

CHAPITRE XXII.

De l'influence de la liberté de l'échange sur l'impôt.

Ainsi que nous l'avons fait observer au chapitre XVIII, si l'application du communisme à la production est impraticable pour plusieurs motifs, et notamment parce que l'homme n'est disposé au travail qu'autant qu'il en recueille, lui ou les siens, tous les avantages, le communisme est néanmoins en parfaite harmonie avec notre complexion morale, toutes les fois que l'application à la consommation en est faite, de telle manière, qu'il devient possible à plusieurs hommes à la fois, d'éprouver individuellement au moins autant de satisfaction, autant de jouissance, qu'ils en éprouveraient s'ils consommaient isolément. Ce communisme-là est en accord avec nos sentiments égoïstes, parce qu'il répartit entre plusieurs les frais de la consommation, sans en amoindrir les avantages.

Les colléges, les universités et les écoles en général où l'on puise la morale et la science; les spectacles et les concerts où l'on se récrée, sont des établissements communistes de consommation, d'autant plus stables qu'ils sont en concordance avec nos intérêts, puisque les productions immatérielles que l'on y crée sont consommées, par plusieurs à la fois, avec autant d'avantage pour chaque auditeur ou spectateur en particulier, que si elles l'étaient par un individu isolé ; et que les frais de production, au lieu d'être à la charge d'un seul, sont répartis entre toute une communauté.

Il en est de même de ces grandes institutions nationales telles que la justice, la force armée, l'administration : elles sont encore des applications du communisme en matière de consommation immatérielle, application en principe avantageuse à tous, et en parfaite concordance avec les sentiments du cœur humain.

Mais cette justice et cette force publique qui veillent sur la communauté, ce corps enseignant qui prêche la morale et qui communique la science, ont aussi des besoins. Puis ces hommes en général qui sacrifient leur temps à l'administration des intérêts communs, ont droit à un salaire en rémunération des peines qu'ils se donnent. Il faut donc que les subdivisions sociales, c'est-à-dire les nations, aient respectivement leur caisse commune en état de subvenir aux dépenses d'utilité publique, et au paiement du salaire de leurs administrateurs et de leurs employés.

Ainsi, quoique la communauté soit le mode administratif le plus avantageux, elle n'en réclame pas moins l'existence d'un trésor, dont l'alimentation constitue une charge publique qu'il est bon d'alléger, toutefois sans compromettre la marche régulière d'une administration intelligente ; car si la dilapidation est pernicieuse, trop d'économie est nuisible. Or, tout en restant dans les bornes d'une gestion sage et réfléchie, on parvient de deux manières distinctes à restreindre les charges publiques :

D'abord, en amoindrissant les dépenses publiques, par l'élimination des rouages administratifs inutiles, et quelquefois même nuisibles.

Ensuite, en augmentant les services réels, le pouvoir productif et par conséquent le revenu des propriétés ou des créations nationales.

Mais passons à l'examen plus munitieux des diverses institutions sociales subsidiées par le trésor, et tâchons de découvrir s'il n'en est point dont il serait possible, à la faveur de la liberté de l'échange, de faire diminuer les besoins sans que la communauté en pâtisse.

Parmi les actes administratifs les plus utiles et les plus indispensables au bonheur des nations, nous signalerons en première ligne, ceux de l'administration des cultes et de l'enseignement. Il importe de ne pas les affaiblir : la part qu'ils prennent à l'absorbtion du trésor se reproduit toujours avantageusement. Personne en effet ne conteste le besoin du sentiment religieux, tout le monde reconnait les avantages temporels mêmes qui sont dévolus aux peuples vertueux. Pour ce qui concerne l'éducation et l'instruction, nous nous sommes efforcé d'en faire ressortir tous les bienfaits, non-seulement en démontrant que la science est la source intarissable des progrès, mais encore en constatant que l'éducation et l'instruction forment, ensemble, le seul moyen sérieux d'élévation ;

moyen qu'il couvient de rendre accessible à toutes les classes (*).

La liberté de l'échange ne peut donc en rien modifier les dépenses de l'administration dont il s'agit. Celle-ci est indépendante de tout système politique, toujours elle doit être forte et progressive.

Vient ensuite l'administration de la justice. La nécessité en est trop généralement reconnue, pour que nous nous permettions de ne pas nous étendre longuement à ce sujet. Cette administration, en elle-même, est encore indépendante de tout système politique : toujours la justice doit régner, toujours il faut qu'elle soit forte et resplendissante ; car elle arrête le crime, elle punit le coupable ; elle est à la fois la sauvegarde et la vengeresse de la société.

Cependant, si les cours de justice sont indispensables, s'il convient même que l'ordre judiciaire reçoive une rémunération en harmonie avec la grandeur et la dignité de sa mission, un salaire en rapport avec l'éducation et l'instruction que l'on exige de ses membres, il est incontestable que la liberté de l'échange qui est la réaction de la misère publique, est de nature à amoindrir le chiffre des frais de poursuite et de détention, qui représente une partie très-importante du budget de ce département ministériel. En effet, nos établissements de bienfaisance et de philantropie ne sont-ils pas des conséquences de la misère? — Cette lèpre sociale, enfant hideux de la restriction

(*) Première partie, chap. IX, page 104.

ne convie-t-elle pas aux délits et aux crimes? — Oui assurément : c'est elle qui peuple nos lieux de détention, nos maisons de force, nos bagnes. — N'est-ce pas encore à la misère qu'il faut imputer ces douloureux devoirs qui obligent la justice de prononcer parfois des jugements qui lui répugnent, et qui envoient habiter sous un même toit, côte à côte avec le bandit, le pauvre dont la voix a imploré la commisération du passant, ou celui que la faim a poussé à dérober un pain à l'étalage du boulanger! En effet, quel sentiment pénible ne doit pas éprouver un président de cour, lorsque la loi lui impose la douloureuse mission de condamner celui que le seul instinct de la conservation a poussé au vol? — Son cœur d'homme ne doit-il pas battre de douleur sous sa simarre de juge? Sa conscience ne lui dit-elle pas : peut-être en eussé-je fait autant!

Et quelles conséquences terribles que celles de la réclusion? — Qui ne sait que le séjour de la prison flétrit, que l'air de corruption que l'on y respire est contagieux? Qui ne sait que la prison est la grande école du crime, le lieu ou on se rit de la morale, le lieu où l'on apprend à braver et à mépriser la justice, le lieu où la vertu est en horreur et où le vice trône en maître; un séjour enfin où le cœur du malheureux que l'indigence a égaré, est exposé à se corrompre, à tout jamais, au contact du plus affreux stoïcisme; un séjour que souvent il quitte avec des idées de crime!

Or, dans la question qui nous occupe, la liberté de l'échange a une double action bienfaisante : elle supprime une cause de démoralisation et elle efface de nos codes les peines prononcées contre un délit connu sous le nom de fraude; délit qui nuit en même temps aux honnêtes gens et au fisc. La liberté de l'échange, nous osons l'affirmer, doit incontestablement amener une réduction considérable dans les frais de l'administration de la justice, et par conséquent, réduire le chiffre du budget de ce département.

Aujourd'hui que l'accroissement presque incessant des charges pèse de tout son poids sur les travailleurs, il est naturel que de toutes parts on crie à l'économie. Les uns proposent des réductions sur les salaires des administrateurs, les autres appellent de leurs vœux des réformes plus ridicules encore, et voudraient voir supprimer des institutions entières, ou tout au moins, les tronquer de façon à les rendre impuissantes. Mieux vaudrait-il souvent en finir d'un trait, car il est de ces choses qui ne supportent point le fractionnement: un arc, par exemple, devient inutile sans flèche, et quel usage pourrait-il faire d'une flèche, celui qui n'aurait pas d'arc?

Il en est de même d'une armée : elle forme un tout composé de fractions distinctes qui réclament entre elles une organisation d'ensemble, et dont il est impossible de mutiler une partie sans en amoindrir considérablement la puissance.

Cependant l'armée est du nombre des institutions qui ont le plus attiré l'attention des réformateurs modernes. L'armée, dit-on, ne produit rien, elle absorbe au contraire des sommes immenses. — Cette assertion n'est pas tout à fait exacte : l'armée fait, il est vrai, une grande consommation, mais elle produit immatériellement ; ses productions sont de celles que nous rangeons parmi les productions immatérielles des plus indispensables même. L'armée constitue la force publique, le grand huissier de la justice, la puissance qui impose ; qui oblige au respect de la loi : voilà une de ses attributions, mais elle a une autre mission tout aussi importante : celle de faire respecter les droits de la patrie. Ces tâches ne sont-elles donc rien, ne justifient-elles pas le besoin des armées dans la grande organisation sociale ? Elles sont coûteuses, nous en convenons, mais elles sont indispensables ; et tout ce que peuvent dire les antagonistes des armées doit se borner à cette simple déclaration : que ces grandes institutions sont des maux nécessaires pour en empêcher de bien plus grands. Elles ne servent qu'à détruire dit-on encore. En effet, les armées sont des instruments de répression, mais c'est précisément pour ce motif que celles qui sont fortes et bien organisées sont les meilleurs gages de la paix. Ainsi le veut la complexion humaine : on ne cherche pas facilement noise à plus fort que soi, on respecte même celui qui, quoique plus faible, est énergique, surtout lorsqu'il a de bons et loyaux soutiens.

Malheureuses toutefois sont les nations qui se voient obligées de mettre leurs armées en campagne ! C'est alors que devient formidable cette grande consommation qui ruine ; c'est alors surtout que les peuples s'endettent, qu'ils voient dissiper en épaisse fumée une grande partie de leurs richesses ; c'est alors que l'airain vomit la mort et l'incendie, que le feu consume en un jour, ce que des siècles ont édifié. Et quel temps précieux de perdu que celui que l'on emploie à la destruction et au carnage, et que l'on aurait pu appliquer à la production !

S'il est du devoir des gouvernements de ne pas laisser pérécliter la force publique, il importe aussi qu'ils évitent comme de véritables calamités, tout ce qui pourrait troubler l'union des peuples.

Or, quel gage de paix plus inébranlable que le libre échange ? Il confond en un seul et même intérêt, celui de toutes les nations ; il constitue le véritable lien moral qui doit à tout jamais les unir.

Au contraire, les exclusions sont des causes d'inimitié qui ébranlent la bonne intelligence. Elles sont odieuses, même lorsqu'elles sont partielles ; car alors elles constituent des actes hostiles envers les nations exclues. Elles ne sont de bonne politique, que lorsqu'on en use comme moyen de contrainte à l'égard des nations qui continuent à marcher, avec une aveugle persévérance, dans la voie des préjugés, et qui, contrairement à leurs propres intérêts et à ceux du monde, poursuivent un rève aussi ridicule qu'irréalisable, en prétendant vendre constamment à d'autres dont ils repoussent les produits.

Il nous semble logique de dire, que tous les amis de la paix doivent être partisans de la liberté de l'échange ; car, qui désire sincèrement l'union, doit vouloir écarter les moindres motifs de brouille entre les peuples, et ne rendrait-on pas les guerres impossibles en réunissant les intérêts particuliers des nations, pour n'en faire qu'un seul et même faisceau : l'intérêt général du monde.

Ces considérations, quoique très-concises et susceptibles de bien plus de développement, suffiront pour faire comprendre, qu'en annihilant pour ainsi dire les chances de guerre, il devient tout au moins possible de réduire avec le temps, les dépenses du département chargé de l'administration de la force publique ; surtout, lorsque les bienfaits de la liberté de l'échange auraient étouffé cette agitation d'un monde qui se sent mal à l'aise, et qui, en cherchant dans des doctrines subversives, un soulagement à ses maux, ne cesse de mettre la société en question, et oblige ainsi les gouvernements à prendre des précautions qui entravent le travail et absorbent des richesses considérables.

Nous avons signalé au chapitre qui précède, la nécessité de restituer à la sortie, les droits perçus sur la matières brutes que l'on exporte après qu'elles ont subi dans le pays, certains travaux de manipulation. La liberté commerciale, en épargnant tout à la fois les frais de perception et les frais de restitution, et en amoindrissant considérablement la somme des besoins du trésor, simplifierait sensiblement les travaux du département des finances (*).

(*) Nous nous proposons de faire suivre le présent ouvrage d'un vade-mecum qui contiendra une formule raisonnée de budget et qui en reposant sur des chiffres, prouvera, nous l'espérons, d'une manière irréfragable, tous les avantages qui doivent naître à la faveur de la liberté de l'échange.

Il est donc incontestable que la liberté commerciale réduirait le chiffre des besoins du trésor.

Ceci posé, passons à d'autres considérations; constatons d'une manière irréfutable, l'heureuse influence de cette même liberté au point de vue de l'alimentation de la caisse publique, par ces moyens qui, loin d'imposer des privations aux peuples, leur sont au contraire, on ne peut plus favorables.

En effet, indépendamment des ressources de l'impôt, les états ont d'autres revenus provenant, soit du produit de leurs domaines, soit de certaines exploitations dont ils se réservent le monopole en tout ou en partie. Nous allons passer en revue ces diverses ressources en ce qui concerne notre propre pays, et nous examinerons successivement les effets que produirait le libre échange sur la recette des chemins de fer, des canaux, des routes, etc., et sur celle de l'administration des postes.

Le budget des voies et moyens du royaume de Belgique, pour l'exercice 1845, porte le chiffre officiel des recettes de ces diverses ressources du trésor, à la somme de 19,566,000 francs; c'est-à-dire à au-delà du sixième de la somme globale de ce budget. Mais combien ces ressources ne seraient-elles pas plus importantes encore, à la faveur de ce grand mouvement universel qui doit irréfragablement résulter de l'adoption de la liberté commerciale? —Ne verrait-on pas alors à tout moment nos ports encombrés de navires aux couleurs de toutes les nations du monde? — Nos bassins n'offriraient-ils pas l'aspect d'autant de forets de mâts?

— Ne verrait-on pas les transports par chemin de fer se multiplier, la navigation intérieure s'accroître ; nos routes, si désertes aujourd'hui, trembler sous le poids des voitures ; et la correspondance s'activer ? — Dès lors, ne pourrait-on pas espérer de voir doubler les recettes de nos pilotages, de nos droits de feu et de tonnage, de nos voies ferrées, de nos droits de locomotion intérieure, et de l'administration des postes ?

Nous en convenons, un mouvement si extraordinaire rendrait probablement indispensable un personnel administratif plus nombreux ; exigerait peut-être quelques nouveaux achats de matériel, mais que sont de pareilles dépenses en comparaison des avantages immenses qu'offrent les grandes exploitations (*) ? N'est-il pas constant que la Belgique et tous les autres pays trouveraient dans l'accroissement de la recette des droits de navigation, dans l'exploitation des voies intérieures, dans l'administration de la poste aux lettres, de véritables moyens d'alimenter en grande partie le trésor, et de soulager considérablement le contribuable pauvre, en dégrèvant tout au moins la consommation des objets de première nécessité.

Qu'ils sont heureux les peuples qui coulent leurs jours à l'ombre de la paix, car ils peuvent appliquer une grande partie de leurs trésors à doter leurs pays de constructions utiles, et à sillonner de voies praticables le sol de la patrie. Bien malheureuses, au contraire, sont les nations que la discorde mine et qui, livrées à

(*) *Des Richesses créés par l'Industrie et les Arts*, chapitre XIX.

l'agitation et aux maux de la guerre civile, épuisent leurs ressources en s'entretuant; car elles voient leurs richesses se détruire sans retour. Les premiers, au contraire, consomment mais reproduisent, ils recueillent de véritables fruits de leurs trésors; fruits qui, mieux que les impôts, sont à même de faire face aux dépenses que réclament dans la société, l'enseignement, l'administration de la justice et la force publique; fruits qui deviendraient encore plus nombreux et plus considérables à mesure que l'administration du monde adopterait une plus grande liberté d'échanger.

CHAPITRE XXIII.

Récapitulation et conclusion.

Si l'homme est la créature par excellence, celle que Dieu a faite à son image, aucun être n'a cependant autant de besoins que lui. Non-seulement sa complexion physique exige, dès sa naissance, des soins incessants et minutieux inutiles aux animaux, mais son intelligence aussi est exigeante. Il ne suffit point à l'homme d'être prémuni contre les intempéries des saisons, son esprit, aussi bien que son corps, réclame de la nourriture : tout chez lui est besoin, tout chez lui l'appelle au travail.

En multipliant les besoins de notre espèce et en nous donnant des aptitudes différentes, le maître de l'univers ne nous accorde le bonheur qu'à certaines conditions : il veut que nous nous partagions la tâche et que nous nous aidions les uns les autres ; c'est-à-dire que nous vivions en société.

Tout en effet dénote chez nous cette volonté du créateur. En société l'homme est valeureux, fort, redoutable : rien ne l'effraie, il impose sa volonté au reste de la création. Mais seul, isolé, il est faible et craintif; il ne se suffit plus, son intelligence même lui est peu utile. Alors tout chez lui accuse de la faiblesse, il semble qu'il ait cessé d'être le roi de la création; il tremble en présence du lion, il fuit devant la couleuvre, il craint maint animal d'une complexion même débile.

La vie sociale est donc celle qui nous est assignée. Sans elle, nous perdons les avantages de notre suprématie.

Mais cette vie nous impose à la fois l'obligation de produire et la nécessité d'échanger. Sans production la société meurt, sans échange elle périclite; la vie la plus active, le travail le plus assidu ne sauraient procurer à l'homme, un sort moins malheureux que celui du marin dont la tempête a brisé le navire, et que les flots ont jeté sur une île déserte.

C'est donc en produisant et en échangeant, c'est-à-dire en travaillant selon les lois de cette organisation sociale qui émane de l'auteur de la nature même, que l'homme peut espérer de jouir sur la terre, de ce degré de bien-être dont le créateur a voulu le gratifier.

Nous venons de le prouver : les hommes sont nés pour la société, et dans cette société chacun de nous a des devoirs à remplir. A ceux-ci incombe la tâche d'extraire du sol et des entrailles de la terre, les substances nutritives et les matières brutes; à ceux là, le soin de les façonner et de les approprier à nos besoins; à d'autres enfin est échue la charge de les échanger et de les répandre sur la surface du globe, afin que tous nous ayons de quoi nous nourrir, nous vêtir, et nous abriter.

La production constitue ainsi le premier des besoins

sociaux, l'échange en est le complément nécessaire, indispensable : car il existe entre la production et l'échange des rapports si intimes, qu'il est impossible de comprimer celui-ci, sans que celle-là ne s'en ressente. Non-seulement la restriction en matière d'échange, arrête la production parce qu'elle entrave la consommation, mais elle dérange l'organisation naturelle du travail dans laquelle les hommes et les choses ont leurs rôles; rôles qu'elle intervertit au détriment de la richesse globale du monde.

Mais la restriction produit un autre effet bien plus déplorable encore : elle condamne aux privations la plus grande partie de l'espèce humaine, car elle empêche les produits du travail de se répartir en raison de la valeur réelle des agents de la production. Cependant il faut pour le bien être du monde, que la richesse soit au moins équitablement distribuée, sinon, le bonheur est impossible parce qu'il n'est pas général, et tant que durera la restiction, la société sera mal assise. Il serait étrange en effet, de qualifier autrement, une société dont beaucoup de membres périssent sous les coups de la misère au sein même de l'abondance!

Ne nous étonnons donc pas, de ce qu'à tout moment le repos du monde semble être mis en question. Soyons en persuadés, la restriction en matière d'échange est la mère de cette agitation destructive qui mine la société, et qui fait que la vie, au lieu d'être toute de concorde et de fraternité, n'est plus qu'une arène d'éternelles discussions acerbes; un monde où la haine, la vengeance et les autres mauvaises passions étouffent les plus sublimes sentiments du cœur humain.

Quelle folie en effet de la part des hommes dont les œuvres trahissent partout l'imperfection, d'avoir voulu chercher plus de bonheur terrestre, en amoindrissant pour ainsi dire la société!

Quelle folie de la part des nations d'avoir cru, en s'isolant, modifier d'une manière qui leur fût avantageuse, l'œuvre de leur divin maître, œuvre qui ne peut être améliorée parce qu'elle est parfaite puisqu'elle émane d'un être parfait.

Que les administrateurs du monde se hâtent donc de mettre au néant, ces maladroites dispositions humaines qui amoindrissent pour ainsi dire le monde et qui sont en opposition flagrante avec la volonté du créateur; car, c'est parce que nos lois ne sont pas en harmonie avec l'organisation naturelle que le monde souffre. En entravant l'échange, elles ont dérangé ce mécanisme social si avantageux aux hommes. Au bonheur qui devait être général, elles ont substitué un bonheur partiel. A ce monde régulier où tout est si admirablement co-ordonné, où tous devaient trouver de l'occupation; où chaque progrès aurait augmenté le bien-être, il semble que l'on ait préféré une organisation tronquée, un monde à l'envers dans lequel la division du travail et les plus belles découvertes du génie humain, au lieu de doubler sur la terre les jouissances de l'homme, devinssent dans l'application, une cause directe de pauvreté et de misère!

Est-ce à dire, que, lorsque l'on aura abandonné la fausse route dans laquelle le monde s'est maladroitement engagé, nous serons tous également riches? — Non, mais chacun au moins aura selon ses œuvres, nos pauvres ne manqueront plus du nécessaire, et la pauvreté cessera d'être le synonyme de la misère. Quoique nous fassions, il y aura toujours des pauvres parmi nous; car cette égalité que l'on recherche est introuvable, parce qu'elle est incompatible avec la nature. Il nous serait possible peut-être de rendre les hommes également misérables, mais il ne nous est point donné de les élever tous au même degré de richesse.

Ne cherchons pas dans le cercle des fictions et des utopies, un remède aux maux qui affligent l'humanité; car en voulant organiser nous désorganiserons. Il est de ces choses qui sont imposées à l'homme, et dont il ne peut s'écarter impunément : telle est cette organisation naturelle. Appuyons toutes nos institutions sur elle, au lieu de nous épuiser en vains efforts qui, loin de nous procurer quelque avantage, ne peuvent être féconds qu'en malheurs. Alors il nous sera possible, de recueillir, dans tout leur plénitude, les fruits des découvertes du génie humain. Au lieu d'entraver l'échange favorisons le, tant à l'intérieur qu'à l'extérieur. Que le commerce marche de front avec la création, et la richesse se répartira convenablement; les hommes se dissémineront; la population augmentera en raison des ressources; la demande, circonscrite aujourd'hui dans des limites trop étroites, s'étendra: la production sera générale, avantageuse; tout rentrera dans l'ordre, la privation et la misère cesseront d'être le partage de la moitié du genre humain.

Que surtout nos dispositions législatives soient en harmonie avec l'instinct de notre espèce. Que nos lois fassent respecter cette justice, sans laquelle toute société n'est qu'agitation. Qu'elles garantissent les droits de toutes les propriétés, quelles qu'elles soient, en laissant toutefois à chacun la responsabilité de ses œuvres; car ce droit est le premier stimulent de la production; il est sacré, parce qu'il n'est pas le résultat d'une convention humaine dont l'opportunité peut toujours être contestée; il est irréfragable et doit échapper à toute discussion, parce qu'il est dans l'ordre naturel. En effet, l'homme même le moins civilisé, se croit instinctivement le propriétaire du champ qu'il a défriché; du sol que sa sueur à fertilisé et approprié à un usage utile, tout comme celui dont l'intelligence a élaboré un livre ou conçu une machine, ou dont la main a façonné un outel se croit instinctivement le père de son œuvre dont la possession doit être garantie, à lui et à scs proches, tant qu'il n'aura pas volontairement cédé ses droits à d'autres.

Nous ne nous faisons pas illusion sur les difficultés inhérentes à une pareille réforme, parce qu'elle réclame le concours de tous les gouvernements. Mais est-ce à dire qu'elle soit inexécutable parce qu'elle est difficile? Et n'est-on pas sûr de triompher des plus grands obstacles, lorsque l'on a la conscience de son œuvre, lorsque la persévérance a des auxiliaires aussi puissants que le sont la justice et le bon droit ?

Efforçons-nous encore de rendre le travail humain aussi léger que possible, tâchons de lever de plus en plus le voile qui nous cache encore les pouvoirs de la nature. Déjà la science a affranchi l'humanité de travaux si pénibles, qu'ils énervaient le corps et abrutissaient l'esprit. Poursuivons sans relâche dans cette voie du progrès, continuons l'œuvre commencée par tant de génies qui nous ont dévancés et qui, en quittant ce monde, ont légué à la postérité le précieux héritage de leurs travaux.

A cette fin, multiplions et renforçons convenablement nos écoles. Que l'instruction se répande aussi parmi la classe ouvrière. Il faut que partout la théorie vienne en aide à la pratique : que le cultivateur soit plus que praticien, que l'ouvrier soit plus que machine, et alors de nouvelles découvertes viendront à tout moment surprendre le monde ; de nouvelles mécaniques allègeront encore le travail de l'homme ; la terre portera de doubles récoltes, et les mêmes peines doubleront les produits de l'industrie.

L'enseignement constitue ainsi un des principaux points de l'administration intérieure des Etats. Et, de toutes les dépenses auxquelles subvient le trésor public, il n'en est point qui soient plus utiles et par conséquent plus justifiables, que celles qui sont faites dans le but de moraliser et d'instruire ; car l'instruction a une double tendance : non-seulement elle lance l'industrie dans la voie des progrès qui permettent aux hommes de satisfaire, avec moins de peine, aux besoins du corps, mais elle ajoute encore aux charmes de la vie, en rendant l'homme moins matériel : elle élève et nourrit l'âme qui, aussi bien que sa mortelle enveloppe, à ses exigences et ses besoins.

Certes, cette sollicitude qui tend à répandre la science est la plus belle protection que puissent donner les gouvernements. Elle est une cause incessante de prospérité ; car, d'un côté, elle double la production en facilitant le travail ; et de l'autre, en satisfaisant mieux aux besoins de l'esprit, il semble qu'elle rende le corps moins exigeant.

Et quelle différence entre cette protectiont-là et la protection douanière ! — Celle-ci n'est que du favoritisme au profit particulier de quelques-uns, celle-là au contraire est marqué au coin de la sollicitude générale en faveur de tous. Celle-ci enlève aux uns pour donner aux autres ; elle prend souvent aux plus pauvres pour donner aux plus riches, celle-là ne prend à personne et donne à tout le monde.

Mais si le développement de la science est favorable à la généralité, favorable même à ceux qui n'en jouissent pas d'une manière directe, qui plus que les propriétaires en recueillent les avantages ? — La science ne multiplie-t-elle pas les pouvoirs de la terre, et, dans la répartition de l'excédant de la valeur, la plus grande part n'échoit-elle pas à la propriété immobiliaire ? — Dès lors, l'intérêt même ne commande-t-il pas aux propriétaires, de préférer mille fois cette protection légitime parce qu'elle est favorable à tous, à cette autre protection tout au plus capable d'enrichir quelques-uns, à la condition cependant, d'en appauvrir une foule d'autres; à cette protection qui, en altérant les lois de la concurrence, prive en partie la société de cette action progressive qui lui est si favorable.

Lorsque nous nous sommes occupé, dans la première partie, de l'administration intérieure en matière de politique industrielle, nous avons fait observer que l'instruction, le respect de la propriété, la liberté d'action et l'existence de bonnes voies communicatives sont, on ne peut plus favorables, au développement de la richesse nationale; nous avons dit aussi, que rien n'est plus propre à faire naître le crédit et l'association de l'industrie et du capital, que de bonnes dispositions législatives qui garantissent les droits de chacun : tant ceux des prêteurs et des propriétaires, que ceux des locataires et des emprunteurs. Cependant tousces actes administratifs très-sages en principes, ne ressortiront point tous les effets qu'on peut en espérer, tant que les gouvernements n'auront pas rompu avec ces théories de la restriction, dont nous nous sommes efforcé de signaler toute l'absurdité; tant que les administrations des communes n'auront pas recouru à d'autres moyens, moins dispendieux, et moins entravants pour l'échange, afin d'alimenter convenablement leurs caisses communales.

Il en sera encore de même des primes et des mesures d'encouragement, auxquelles la nécessité oblige d'avoir recours, en présence du système douanier qui est en vigueur. Elles ne peuvent produire aucun effet véritablement salutaire, en présence d'autres causes qui empêchent l'action commerciale de se développer en raison des besoins.

Il y a quelques années, le Gouvernement belge, voulant relever la pèche maritime et doter la navigation nationale d'une pépinière de marins, accorda des primes à cette industrie, et imposa à l'entrée la production étrangère, de façon à dégréver cette branche de l'industrie nautique, de plus d'un impôt qui pèse indirectement sur elle. Cette mesure, jointe aux avantages présumés que devrait offrir la prompte locomotion par le chemin de fer, alors à la veille d'être mis en exploitation, attira quelques capitaux vers la pèche. Cette indusdrie prit un essor considérable : le port d'Ostende et la plage de Blankenberghe virent doubles le nombre de leurs embarcations de pêche. On donna aux nouvelles constructions des formes élégantes et favorables à la marche ; on perfectionna les ustensiles de travail, au point que la pêche maritime belge passe aujourd'hui, de l'aveu même des Anglais, pour la plus belle et la mieux organisée de toutes les pêcheries connues.

Cependant, malgré cette organisation que les marins étrangers admirent, malgré les quantités considérables de poisson pris en pleine mer, le pêcheur belge n'obtient qu'un salaire bien médiocre en retour de son travail aussi pénible que dangereux.

Et quant à l'armateur, il voit son capital se réduire de jour en jour, souvent sans qu'il en retire le plus minime intérêt. Cependant le consommateur se plaint: la marée, dit-il, est rare, chère, et souvent détestable.

Donc ici, profusion de belles et bonnes pêches presque invendables; là, marée peu abondante, chère et quelquefois peu fraîche. Et au point de vue du gouvernement : d'une part, réclamations incessantes de protection en faveur de l'industrie; et d'une autre part, plaintes continuelles sur la rareté et le prix élevé des produits.

Mais d'où vient le mal ?

Nous allons le dire : Il ne suffit point de favoriser la naissance ou le développement d'une branche industrielle, il faut encore lui donner les moyens de vivre de sa propre vie, en la dégageant des entraves qui arrêtent l'échange et la consommation de ses produits.

Dans la question qui nous occupe, bien que le gouvernement belge ait donné à la pêche les moyens de naître, d'autres influences la privent de ses éléments naturels de subsistance : les octrois, les anciens réglements, la police intérieur des villes et mille autres entraves municipales qui font de chaque commune une république à part, sont autant d'obstacles qui ont empêché l'action commerciale de suivre, dans leurs cours, les progrès de la production. Libre, le commerce de poisson se serait accru en raison des besoins de la production et de la consommation; il aurait couronné les efforts de la population de nos côtes; il serait venu offrir au peuple un aliment sain et à bon marché, et à l'industrie intérieure, un débouché considérable pour ses chanvres, ses toiles, ses bois, ses clous et ses fers.

Il semble en vérité que tout progrès industriel soit plutôt un mal qu'un bien, quand des causes quelconques empêchent que l'action commerciale ne s'élève au niveau de la production.

Nous avons eu plus d'une fois occasion de le dire : la protection douanière est mauvaise en principe. Néanmoins, en présence du mépris que l'on a toujours professé à l'égard des droits de la propriété intellectuelle ; droits qui, s'ils avaient été respectés, eussent probablement mieux assis le travail que la protection douanière, celle-ci a pu être utile, nécessaire même dans la jeunesse de l'industrie. Mais il faut un terme à tout : de nos jours, l'industrie a atteint l'âge viril, elle n'a plus besoin de nourrice ; les lisières et les bourrelets lui font mal. Elle ne respire plus à l'aise dans la serre chaude et coûteuse de la protection : ce qu'il lui faut, c'est le grand air de la liberté.

Cependant ne mettons pas trop d'empressement à atteindre le but, marchons avec assurance, mais sans précipitation, dans cette voie qui conduit à une ère nouvelle; donnons aux capitaux fourvoyés, le temps de sortir du labyrinthe, et aux industries naissantes mais viables, le temps de se consolider.

Et que l'on ne vienne pas nous dire : si vous acceptez la liberté commerciale vous serez le tributaire de l'étranger qui fabrique mieux et à meilleur compte que vous. Aujourd'hui, toutes les nations du monde savent travailler : les unes excellent en ceci, les autres en cela. Il ne peut exister aucun doute à cet égard, à ceux qui ont parcouru les galeries de l'exposition universelle de Londres, où sont venus s'étaler, sous une seule et immense vitrine, des échantillons du savoir-faire de tout le genre humain; et cependant, la vaste enceinte du palais de cristal ne contient pas le quart, peut-être, des spécimen de cette foule de produits qui naissent journellement sous la main de l'industrie continentale.

Nous dirons à ceux qui repoussent la production similaire d'autres pays :

Pourquoi craignez-vous le produit étranger ?—Etes-vous moins habiles que vos voisins? — Vous vivez côte à côte avec eux ; l'intelligence et l'habileté respectent-elles les frontières? Et si, dans les circonstances actuelles, vous craignez la concurrence de l'étranger, nonobstant la protection naturelle dont vous jouissez parce qu'il fabrique mieux et à meilleur marché que vous, ne comprenez-vous pas qu'il doit ses succès à des causes bienfaisantes que vous répudiez ; ne sentez-vous pas que l'étranger a de grands avantages sur vous, parce que la matière première et la main-d'œuvre lui coûtent moins cher ; parce qu'il accueille l'inventeur et que vous le repoussez ; parce qu'il demande à la matière ce labeur pénible et humiliant que vous réclamez de la chair humaine; parce que enfin il a mieux compris que vous, que le travail comporte deux actions : celle de l'intelligence et celle de la force; que le travail de l'intelligence incombe à l'homme et celui de la force à la machine ! — Faites donc comme lui. Si vous ne le pouvez pas maintenant vous le pourrez avec le libre échange, et alors vous n'aurez plus rien à craindre.

Mais encore, est-il possible que nous soyons tributaires d'une nation étrangère sans qu'elle ou une autre le soit en même temps de nous ? — Aucunement : en effet, supposons que les Anglais que l'on semble tant craindre, et auxquels nous sommes loin de contester l'habileté et toutes les autres qualités qui constituent le bon travailleur, soient, en tout, tellement adroits, qu'aucun peuple du monde ne puisse lutter avec eux. En résulterait-il que nous serions les tributaires de l'Angleterre ? Nullement, car étant réduits à l'inaction par notre infériorité supposée, qu'on veuille nous dire comment nous lui paierions ce tribut ? — Ne sont-ce pas les produits qui doivent payer les produits, et n'ayant rien à lui offrir, que pourrait-elle nous vendre ? Cette crainte est donc chimérique et dénuée de fondement, et l'hypothèse que nous avons posée, est absurde. Mais voici la réalité : avec la liberté commerciale, les industries naturelles seraient partout plus activement exploitées qu'elles ne le sont aujourd'hui. Celles qui n'auraient pas encore atteint le niveau des autres et qui seraient viables, se développeraient ; mais les prix des produits baisseraient au profit général du monde, et la réduction serait supportée par les éléments de la productien qui, à la faveur du système restrictif, profitent aujourd'hui de la mauvaise et inique répartition de la richesse.

Au reste, quoiqu'on dise, la liberté de l'échange est, comme le droit sacré de la propriété, une des conditions de l'équilibre du repos de la société. Tant que l'homme sera privé du droit de disposer à sa guise du fruit de ses travaux, l'humanité n'aura pas atteint ce degré de bonheur auquel Dieu l'a conviée sur la terre ; une partie des hommes sera toujours exploitée par l'autre, et le monde sera continuellement agité. Si la société veut échapper à de continuels bouleversements, qu'elle s'attache donc au bon droit ; qu'elle se soumette à ces révélations qui frappent à tout moment l'intelligence humaine, que ces révélations soient la base des lois et des réglements. Alors ses décrêts reposeront sur l'autorité immortelle de la justice, sur cette force inébranlable en comparaison de laquelle la plus puissante armée n'est que faiblesse !

Il est encore une chose qui doit frapper tous les esprits sérieux : c'est la mauvaise influence de la restriction sur les trésors publics. Non-seulement le système restrictif est un moyen d'alimentation onéreux, puisque les frais de perception absorbent au moins la moitié des recettes ; mais ce systême aggrave, par sa nature même, les besoins du trésor ; car la mauvaise distribution qui en est une conséquence, met parfois l'homme dans la pénible alternative de mendier, ou même de prendre ce qui ne lui appartient pas : deux actions défendues par les lois, mais le besoin et l'instinct de la conservation forcent à les violer. C'est ainsi que la restriction, en augmentant le nombre des accusés et des condamnés, porte à un chiffre effrayant le nombre de ces pensionnaires incommodes de l'Etat que l'on appelle prisonniers; elle oblige, par cela même, la société à de plus grandes dépenses en frais de justice; elle rend indispensables plus de prisons, plus de gardiens, plus de gendarmes. Elle est encore une cause de mauvaise intelligence, un germe constant de guerre entre les nations, et elle force pour ainsi dire les Etats à maintenir sur pied des armées nombreuses. En suite, elle réduit considérablement les recettes de la plupart des exploitations gouvernementales en empêchant que celles-ci ne soient plus utiles et plus productives.

Résumons-nous en disant que l'adoption de la liberté de l'échange est destinée à organiser le travail de manière à multiplier à l'infini les richesses du monde; de manière à distribuer les hommes selon les besoins de la société; à utiliser toutes ces intelligences et tous ces bras qui, oisifs ou livrés à des occupations trop peu soutenues, végètent aujourd'hui, entre la vie et la mort, dans les affreux tourments de la misère.

Que de chimériques craintes cessent de tenir le monde plus longtemps dans l'indécision! Qu'il entre d'un pas rassuré dans la voie de cette ère nouvelle et toute de bonheur : lorsque la société aura franchement étendu sa main protectrice sur tous les travailleurs, qu'elle respectera à l'égal les droits de la propriété matérielle, et ceux non moins sacrés de la propriété intellectuelle; lorsque par quelque mesure efficace, elle aura proscrit la supercherie et la fraude, la partie sera partout égale, la concurience cessera d'être l'épouventail du travailleur, elle deviendra une cause immortelle de progrès, un puissant remorqueur qui entraînera dans la voie sans fin de la prospérité, l'agriculture, l'industrie manufacturière et le commerce; un agent régulateur qui, dégagé de toute influence artificielle, répartira la richesse entre les hommes et les choses en raison de leurs services respectifs; un stimulant qui entretiendra parmi le genre humain cette activité qui lui est si salutaire.

Alors aussi, aucune pression ne venant plus déranger le niveau naturel de la valeur des substances d'alimentation intérieure et extérieure, les moins favorisés d'entre les hommes trouveront dans l'échange de leurs travaux, les moyens de mener une vie à l'abri du besoin. Les délits deviendront moins communs. Le juge ne sera plus dans la nécessité de condamner des coupables qua la détresse seule a poussés au déshonneur, mais qui, dans la prison, vont apprendre à ne rougir que du remords, du repentir et de la vertu! — Alors on ne verra plus des hommes renoncer à leur liberté et demander à l'oisiveté de la réclusion, le pain que leur refusent leurs bras. On ne verra plus enfin de jeunes filles pauvres, il nous répugne de le dire, vendre leur vertu pour vivre!!

Que les gouvernements concluent donc entre eux, de bons traités précurseurs d'une liberté d'échange plus grande encore qui, en consolidant la bonne intelligence entre les peuples, proscrira à jamais, les calamités de la guerre, et rendra inutiles ces armenents coûteux qui à tout instant engloutissent des millions en pure perte. Non-seulement les charges de leurs trésors seront moins énormes, mais l'extension de l'échange, en augmentant considérablemant les recettes des exploitations gouvernementales, doublera leurs ressources, et permettra ainsi d'alléger au moins les charges du pauvre, de tout l'impôt qui pèse sur les denrées de première nécessité.

Que les nations éclairées se liguent, qu'elles usent de représailles envers celles qui veulent obstinément rester embourbées dans la routine de la restriction ; elles se feront momentanément du tort à elles-mêmes, nous en convenons, mais elles ne manqueront pas de faire rentrer promptement dans le devoir, les nations retardataires.

Faisons encore une réflexion avant de finir.: demandons-nous si la liberté de l'échange ne sera pas imposée au monde par la force même des découvertes. Plus l'esprit humain pénétrera dans le domaine des lois naturelles, plus aussi il battra en brèche le système d'isolement. L'invention de l'imprimerie fut le signal de la liberté de l'échange des travaux de l'intelligence; l'application de la vapeur à la locomotion porta un un coup terrible au système restrictif, mais la science n'a pas dit son dernier mot. Après avoir exploré la surface du globe, les hommes portent déjà leur regards dans l'espace; en ce moment même, la pensée de mille intelligences d'élite voyage dans les airs, et le temps n'est plus éloigné peut-être, où des vaisseaux aériens chargés de marchandises prohibées, viendront planer sur nos têtes, et déchargeront leurs cargaisons en dépit de la plus vigilante douanc.

FIN DE LA DEUXIÈME PARTIE.

TABLE DES MATIÈRES.

www.ingramcontent.com/pod-product-compliance
Ingram Content Group UK Ltd.
Pitfield, Milton Keynes, MK11 3LW, UK
UKHW021138260726
13994UKWH00001B/205

9 782329 407784